Schöne Geister

Anton Artibilov

Schöne Geister

Rohstoff

Für meine Facebook Goons

Infinite Jest

Mein Vater hat mir als Kind immer aus Infinite Jest vorgelesen, hat aber einige Worte ausgetauscht, damit ich luch. Zum Beispiel änderte er das Wort Tennis in Bennis und das Wort Schlangen in Blangen. Bald hatte ich aber das Prinzip verstanden und lachte nicht mehr. Dann begann er die Fußnoten in einer hohen, schrillen Stimme vorzulesen was mir auch überhaupt nicht gefiel. Ich sagte ihm ich will den Inhalt mitbekommen. Er guckte mich ungläubig an und las einfach ganz normal vor. Mit der Zeit las er immer weniger vor und hörte irgendwann ganz auf. Das war zu meinem großen Pech, denn selbst konnte ich noch nicht lesen. Als ich dann alt genug war um es selbst lesen zu können, bemerkte ich, dass tatsächlich »Bennis« statt »Tennis« im Buch stand und »Blangen« statt »Schlangen«. Außerdem viel mir auf dass die Fußnoten tatsächlich in einer hohen und schrillen Stimme verfasst waren. Ich wollte mich bei meinem Vater entschuldigen, aber er las nur noch Trivialliteratur und Science Fiction. So eine lehrreiche Geschichte habe ich heute für euch.

Yuri Gagarin gets caught cheating

Am 12. April 1961 war es endlich so weit – der erste Mensch im Weltraum. Sein Name: Yuri Gagarin. Sein Background: *prostoy sovetskij tschuwak*.

Was geschah allerdings im Jahre 196X, als Yuri Gagarins Ehefrau ihn in einem Resort am Schwarzen Meer dabei erwischte, wie er intim mit einer Krankenschwester wurde? War es noch derselbe einfache Junge aus Kluschino oder hatte der Weltraum, der Alkohol und ein Kuss von Gina Lollobrigida ihn korrumpiert?

Sehen Sie selbst:

Das Schwarze Meer ist die dunkelblaue Perle eines jeden Sowjetbürgers. Ja, man sparte mitunter das ganze Jahr für einen Sanatoriumsaufenthalt in einem Kurort an der ewigen Küste. Man sparte natürlich nicht nur Geld, nein, man sparte sich. Man ging zur Arbeit, zur Versammlung, zum Kegeln oder zum Saufen, aber ließ immer zehn Prozent übrig. Man soff nicht so viel, wie man konnte, arbeitete nicht so viel, wie man konnte, und auch von der Liebe fehlten stets zehn Prozent. Diese zehn Prozent sammelten sich übers Jahr zusammen und konnten nur an einem Ort eingelöst werden: an den unendlichen Stränden des Schwarzen Meers. In der glühenden Hitze von Sewastopol, zwischen den schwitzenden Schultern der Räterepublik und den frostig angelaufenen Kwasgläsern, die durch die Luft schwebten, den engen dreieckigen Badehosen der Männer, über die mitunter behaarte georgische oder armenische Bäuche ragten, den blassen oder rot angelaufenen Frauen, die ihre schönen Hände an die Stirn legten, um in dem glänzende Blau zu sehen, ob ihre Kinder, die zum Teil erst zwei oder drei Jahre alt waren, mehr aus Lebenserhaltungstrieb als aus Badespaß strauchelnd nach wie vor in den großen Händen ihrer arbeitstüchtigen Gatten weilten oder ob ihre besseren Hälften das Kind längst am Kiosk angeleint hatten, um sich selbst ein kaltes Baltika hinter den Schnurrbart zu kippen, waren es die überschüssigen zehn Prozent Leben, die jeder Bürger und jede Bürgerin gab und gab, strahlte und redete oder einfach nur durch ihren Blick entweder in die unendliche Weiten des Meeres oder in die staubigen Blockhotels und Sanatorien auf der anderen Seite des Strandes entsandt. Sähe man weit genug, sähe man die Türkei, dreht man sich um, sieht man waschechte Palmen.

Was bedeutet es ein Superstar zu sein? Einer, von dem niemand sagen kann, ich weiß nicht, wieso der da berühmt ist und ich noch immer hier vorm Fernseher sitze. Sondern einer, den man mag, der arbeitet, der Wissenschaftler ist, Handwerker, Pilot, Kosmonaut. Einer, in dem das menschliche Bestreben zu entdecken, zu erforschen, aber auch zu beherrschen, zu siegen und zu erobern gebündelt ist, ein Symbol für das, was die Menschen seit den ersten Schiffen der Sumerer und Karthager angetrieben hat, seit dem ersten Ausflug in den dunklen Wald, seit der ersten Abbiegung, die man als Kleinkind nimmt, hinter der man nichts sehen kann. Wie konnten die Menschen mit nichts als gesalzenem Fleisch überleben? Wie konnten die Menschen in den sicheren Tod gehen, immer wieder, zu Tausenden, um die Grenzen der bekannten Welt nur einen Millimeter nach außen zu schieben? Die Antwort darauf befindet sich in jedem von uns. Und da haben wir ihn: den einfachen Jungen aus Kluschino mit den ehrlichen, hellen Augen die sich nur für Physik, Alkohol und Mädchen interessieren. Nur dafür, einen Schritt weiter zu gehen. Ist es ein sympathisches Gesicht? Das muss es nicht sein. Es hat seine Daseinsberechtigung verdient. Es muss uns nichts beweisen, es ehrt es sogar, wenn es es nicht versucht.

Der Junge jedenfalls stammte aus den Klauen des Krieges, seine Familie aus deutscher Gefangenschaft, Armut, von Krankenschwestern und Zimmermännern. Aus diesem einfachen, aber festen Stoff werden *sowetskije Legendi* gemacht.

Es war heiß in dem Zimmer. Stickig fast. Die Krankenschwester Anna war im Urlaub. Und wen hatte sie da getroffen? Yuri. Sie kannte ihn aus dem Fernsehen. Er war kleiner, als sie gedacht hatte. 1,57 Meter, um genau zu sein. Aber na und? Ihre Freundin scherzte: »Wenn man so groß ist, muss man ja in den Weltraum.« Anna lachte nicht. Sie schaute ihn nur an. Schaute in seine hellen Augen. Da war er, der Entdeckergeist in Persona. Der einzige Mensch, der jemals einen Asteroiden gestreichelt hatte. Sie ging auf ihn zu. »Hallo, sie sind Yuri Gagarin, nicht wahr?« »Ja, das bin ich. Für meine Freunde einfach nur Yuri.« Sie sahen sich in die Augen. Sie spürte eine Wärme in der Leistengegend. Seine Pupillen weiteten sich. Nicht mal fünfzehn Minuten nach ihrem ersten Gespräch gingen sie zusammen aufs Zimmer. Er erzählte ihr irgendwas, sie hörte nicht zu. Er zeigte aus dem Fenster in den Himmel. Dann richtete er seinen Blick wieder auf sie. Das war der letzte Strohhalm.

Sie drückten sich aneinander, ihre Augen waren genau drei Zentimeter über seinen. Er küsste nach oben und sie nach unten, und nichts was ihr vorher je passiert war, hatte sie mehr erregt. Sie schmeckten beide nach Cognac, sodass es beim Küssen kaum auffiel. Aber es stand doch eine leichte Note davon in der Nase. Er griff um ihre Taille und richtete sich auf. Das hatte er gelernt. Maximal gerade stehen. Sie drückten sich immer fester aneinander, küssten sich immer stärker. Sie konnte nicht aufhören, daran zu denken, dass dieser Körper im Weltraum gewesen war, wirklich im Weltraum, wirklich ein warmer Mensch im kalten Kosmos. Und er, er konnte nicht aufhören, an seine Frau und seine Kinder zu denken. Er ließ sie alle im Stich. Und was ging ihm durch den Kopf? Wie rechtfertigte er die Tatsache, dass er seinen Penis gegen den Schoß einer anderen Frau drückte, dass er zärtlich ihre Schulter küsste, dass er in ihr Ohrläppchen biss, seine Hand zwischen ihre Beine wandern ließ, nach oben drückte, ihren schnellen, zitternden Atem genoss, sie fest im Griff hatte, so fest, wie es ihm in seinem cognacgetränkten Zustand noch möglich war, und sie unter seinen Händen schmolz, ihn überall berührte, an seinen Beckenknochen, durch seine Haare fuhr, ihm immer wieder ins Ohr flüsterte und irgendwas erzählte von sich und ihrer Schwester, wie sie zusammen an den Fluss gefahren sind um zu angeln als sie klein waren und einfach nichts anbiss kein einziger Fisch und dann langsam, zog etwas an der Angel, erst ganz leicht und dann stärker immer stärker, es zog immer stärker an der Leine und er kannte diese Geschichte, jeder kannte diese Situation wenn man angelt und angelt und plötzlich zieht es und zieht immer stärker und immer stärker und der Mond fing langsam an ins Zimmer zu scheinen, durch die Gardinen und sie drückten ihre halbnackten, heißen Körper aneinander, fuhren zwischen ihren Beinen hoch und runter immer schneller, er würde es tun, das war klar, er würde seinen Penis in ihre Vagina schieben und dann ging die Tür auf.

Da stand seine Frau. Mit dem enttäuschtesten Blick der Welt. Und so wie er sie sah, erschlug ihn ein gigantischer Fleischklopfer mit Schuld. Der Name Fleischklopfer ist irreführend. Es wird nicht geklopft. Es wird geschlagen. Volle Kanne von oben schlug ein riesiger Hammer von Schuld auf ihn und füllte ihn von oben bis unten. Mitten unter seiner Luftröhre bildete sich ein Gefühl dass dermaßen hohl und schwer war, derart schmerzend und einsam und schuldig, schuldig und schuldig. Er hielt es nicht aus. Er war im Weltraum gewesen. Und jetzt? Anna war auch beschämt, aber es war nichts Ernstes, nichts was in ein paar Tagen nicht die Schwere verlieren und eher zu einer Anekdote werden würde. Und Gagarins Frau, Valentina Ivanova Gagarina? Sie stand einfach nur da, spürte in sich den ewigen Schmerz und wusste, sie wird ihm vergeben oder sie wird ihm nicht vergeben. In diesem Moment stand in ihrer Kehle ein fester Knoten.

Gagarin konnte nicht reden. Er drehte sich zum Fenster um, öffnete es und sprang raus. Denn es gab nichts zu sagen. Wie ein Krieger der seine Schande nur durch Selbstmord begleichen kann. Er hatte etwas in sich besiegt. Die Angst vorm loslegen. Das hatte er doch gesagt, als seine Rakete abhob, Poechali. Von diesem Sprung aus dem Fenster, sollte er eine Narbe davontragen, die ihn bis an sein Lebensende begleitete. Er sprang aus dem zweiten Stock und starb nicht. Die beiden Frauen gingen erst zum Fenster. Dann rannten sie zum Ausgang und nach unten. Dabei berührten sich ihre Ellenbogen. Sie sahen sich gar nicht ähnlich. Beim rennen dachte Valentina daran ob der Knoten in ihrem Hals sich gelöst hatte. Aber sie konnte es nicht sagen. Unten lag der blutüberströmte Gagarin, man hätte denken können er hätte sich erschossen. In diesem Moment hätte nur Van Gogh seinen Schmerz verstehen können. Die Menschen an der Küste vom schwarzen Meer hörten nichts, als ihr Idol, der menschliche Fortschritt aus dem Fenster fiel wie ein nasser Sack Kartoschki. So hatte Gagarin zwei denkwürdige Flüge in seinem Leben.

Eine weitere interessante Anekdote ereignete sich kurz nach seinem Abflug in den Weltraum. Der Amerikaner Sergei Bouterline behauptete, dass Gagarin sein Neffe und damit von nobler Abstammung sei. Die Behauptung konnte zwar überhaupt nicht bewiesen werden, verbreitete sich aber so schnell, dass Gagarins erste Rede nach seiner Rückkehr genau dieses Gerücht adressierte. Immerhin hätte es bedeutet, dass Gagarin nicht der proletarische Held war, als der er von der Sowjetunion verkauft wurde. Yuri stellte aber klar, dass er die verantwortungslosen Amerikaner leider desillusionieren musste und dass seine Familie, sein Großvater und seine Großmutter arme Bauern waren und es bei ihnen in der Familie keine Grafen oder Prinzen gab. Eine interessante Deutung dieser Situation lautet wie folgt: der Mythos des Helden, der nach seinem verdienten Sieg plötzlich herausfindet, dass er noble Vorfahren hat und edler Abstammung ist, ist durchaus bekannt, unter anderem von Moses, Ödipus, Romulus und Remus, Lohegrin usw. So beginnen die Menschen in Echtzeit einen Mythos zu erschaffen, der ihren inneren Vorstellungen entspricht.

Die Fliege

Hatte Traum mich als Fliege zu verkleiden. An Halloween. Hatte den Film »Die Fliege« gesehen. Habe meiner Mutter gesagt. Mama, möchte eine Fliege sein zu Halloween. Meine Mutter zu mir aber gesagt, nein, Fliegen sind eklig. Mama sagte ich, Mama, ich möchte aber sehr gerne. Ich möchte eine Fliege sein. Aber Mama gesagt nein, das geht nicht, ich find die eklig, ich hab Angst vor denen. Kann die nicht ausstehen. Mama, sagte ich mit Tränen in der Stimme. Ich möchte Fliege sein. Weißt du wie Fliege aussieht, sagt Mama. Fliege hat große Augen mit vielen kleinen Parzellen und Fliege hat eklige kleine Flügel. Fliege ist grau und grün. Stinkt nach Scheiße. Du kannst keine Fliege sein. Du kannst Vampir sein. Ich will aber kein Vampir sein. Hab ich geschrien. So laut ich konnte geschrien. So dass es die Nachbarn gehört haben. Ich will kein Vampir sein. Ich will Fliege sein. Ich will, ich will, ich will. Bitte, Mama, bitte bitte bitte ich will Fliege sein bitte bitte bitte bitte. Ich mich auf den Boden gelegt. Ich mit den Fäusten auf den Boden gehauen und mit den Füßen. Ich will Fliege sein. Meine Mutter gesagt nein, jetzt wo du schreist ganz sicher nicht. Du kannst nicht Fliege sein. Ich will aber Fliege sein. Hab ich gesagt während die Treppe rauf ging. Ich will Fliege sein. Ich wurde nicht Fliege. Aber ich will Fliege sein.

mark fisher

- Als mark fisher gestorben ist, hat ©Jungle/rave music getrauert. Ich bin da gerade Skateboard gefahren. Langsam, sehr laut. Abstoßend mit dem linken Bein, mit dem rechten gefahren, das nennt man Goofy. Es war 13. Januar 2017 (11 July 1968 – 13 January 2017), meine Mutter hat komplett in eine plant based diet umgeschwenkt und mir gesagt Fleisch würde eine dauerhafte Entzündungsreaktion im Körper verursachen, das hat sie aus einem Buch wo ein Mann auf dem cover steht in einem Feld, mit der Körperhaltung \ ('0') / und einem blitzeblanken Lächeln, statt eines Mundes.

Ich habe mich gestritten mit meinem Bruder, der die letzten 3 Skateboards von mir bekommen hatte, eins das ich mir nach jeder Trennung gekauft habe, ein fertiges, von skatedeluxe. Die sind wahnsinnig laut wenn man mit denen über die Straße fährt.

Er hat mir gesagt dass er nicht immer meine Sachen bekommen will, dass er überhaupt nicht gerne fährt. Dass er massive Schwierigkeiten damit hat, sich in der Schule abzukoppeln, sich generell normal zu verhalten, dass er mit mir assoziiert wird, das hat er gemeint. Ich kenne genau den Moment, wo er früher angefangen hätte zu weinen, jetzt wird er einfach nur wütend, das ist der Moment wo man ihn mit dem Finger in den Bauch pieksen muss und sagen: yo komm ma runter.

Wo man früher aus Sadismus jedes mal bis zum Weinen gekommen ist, muss man jetzt vorher aufhören, weil die Genugtuung, die durch das Weinen kam, nicht durch das Schreien und Wütend werden kommen kann, jetzt kommt vor allem Fremdscham, wenn man so einen kleineren Menschen schreien sieht.

Mark Fisher hatte keine alternative energy Learn to pronounce *noun*. Deswegen hat er sich umgebracht. Wir haben uns die Schädel auf 9mm rasiert, meine Freunde und ich, wir haben im Discord die Kopfhörer näher am Kopf. 9mm ist nicht so wenig. Das ist immer noch ordentlich Haare. Wo warst du als mark fisher (trademark) *die letzte Hoffnung* gestorben ist?

- Ich war bei einer Hochschulratsversammlung, hinten bei den Pflaumenkuchen und den Flyern, hinten bei den Brillenträgern mit nervouisen Lachen als die Redenden plötzlich ein Beispiel sagte, nämlich dass die Leute, die die 2,60€ Beitragserhöhung besonders treffen würden, die sind, die von den Beratungsangeboten am meisten profitieren würden. Das klingt einleuchtend. Sie probiert einen der Pflaumenkuchen und setzt sich zurück auf den Plastestuhl, das ist extrapoliert von einem auf dem sie als Kindergartenkind saß. Die Vortragende redet immer noch, aber hat den Saal im Prinzip in der Hand. Sie probiert den Pflaumenkuchen und schaut an die Decke mit vielen tausend Löchern.

- Mark Fisher hat etwas verstanden was wir alle noch nicht verstanden haben? Ich fahre immernoch sehr langsam und beständig, die tiefen quadrate des Bürgersteigs entlang und denke, wie ich bestenfalls bremsen kann. Einfach absteigen, oder auf dem Ding bleibend nach hinten

lehnen und mit einem Bein in der Luft zum stehen kommen. Die Hände sind aus den Hosentaschen raus, ich brauche die Balance.
- Ich gehe aus dem Ratssaal, in dem die Sitzung war, und zum Ausgang. Drüber hängt ein Fluchtwegschild 🏃➔. So sieht das ungefähr aus und markiert den Ausgang. Am Stehtisch am Ausgang sind nochmal Flyer. Ich schaue mal drüber. Theater, Konzerthallen, ich habe früher welche mitgenommen, in die Tasche gelegt, aber ich gehe da so und so nicht hin. Und wenn doch, brauche ich den Flyer nicht. Durch die Glastür durch, mit der Hand nochmal an dem grauen Türrahmen vorbei. Das ist grauer Kunststoff und Glas in einer authentischen Ziegelsteinmauer.
- In meinen Kopfhörern ist Jonah Hill. Eine compilation wo ihm gesagt wird dass er dick ist. Jonah Hill 2017
13. Januar, Berliner Morgenpost aktuell: News & Infos der FAZ

https://www.faz.net › aktuell › thema

· Translate this page

Nachrichten zum *Berliner Morgenpost* im Überblick: Hier finden Sie alle Informationen der FAZ zur Tageszeitung der Funke-Mediengruppe.

- mark fisher hat etwas gewusst was wir nicht wissen und jetzt hat er uns allein gelassen.

Beobachtungen

Ich liebe es manchmal, einfach nur im Park zu sitzen und die Leute zu beobachten. Ich denke mir aus was sie vorher gemacht haben, wie könnte ihre Vergangenheit ausgesehen haben. Zum Beispiel der Mann mit den weißen Haaren, der so gut Frisbee spielt. Wahrscheinlich wurde er vor Kurzem von einem Hund gebissen. Oder die freundlichen Menschen auf der Bank, die zusammen musizieren. Mit hoher Wahrscheinlichkeit haben sie vor Kurzem eine Begegnung mit einem bissigen Hund gehabt. Oder hier, das kleine Mädchen, das gedankenverloren Seifenblasen in die Luft pustet. Ob sie deswegen humpelt, weil der Dackel der Nachbarin in ihren Zeh biss, vor einigen Tagen? Der Mann mit der roten Nase der auf der Bank schläft, Opfer von Hundebiss? Die Frau mit den Tattoos die neben einer Musikbox mit drei Stäben tanzt, sie hochwirft, gestern ist sie in das klaffende Maul einer Dogge mit der Hand gefallen. Oder ich, so wie ich mit meinem roten Kratzeis im Krater sitze und umherschaue. Wurde nicht auch ich von dem bissigen besten Freund des Menschen dental markiert?

Stylistic Changes

Ihc schaute aus den Augen der Bestie, unten sind diese Kinderköpfe, diese runden, mit braunen dünnen Haaren oder blonde gibt es auch. Es ist Mittagspause, und ich bleibe drin. Das haben die uns am Anfang gesagt. Irgendwann werdet ihr zur Mittagspause nicht mal mehr das Ding verlassen, sondern einfach drin bleiben. Es gibt ja auch einen installierten Stuhl, extra für die Pausen. Der allerdings gerade an meinem Arsch wehtut und auf dem ich hin und her rutsche, mein Nacken ist außerdem verspannt vom ganzen Bücken, das nennt man wohl Berufskrankheit. Ich hatte jedenfalls gesagt, nie im Leben. Auf gar keinen Fall werd ich in diesem stinkenden Ding Mittag essen. Ich werde rausgehen, mir die Beine vertreten. Etwas Sport machen, Liegestütze, einen gesunden Salat essen. Etwas Konversation betreiben. Im Endeffekt stand ich natürlich einige Male draußen, aß irgend ein belegtes Brötchen, kniff meine Augen zusammen und schaute auf die Kinder von der anderen Seite des Parkplatzes. Hier kamen die schönen Familienwagen an, die waren vornehmlich grau oder schwarz und ich sah hinter der Mauer und dem Eingangstor des Parks das Ding. Meinen Arbeitsplatz. Ach, von innen vergisst man schnell wie man eigentlich aussieht. Na gut, das stimmt nicht. Man erinnert sich daran. Man ist sich seines Aussehens immer bewusst. Wenn mans genau nimmt, weiß man ja auch nicht wie sein Gesicht aussieht zu jeder Zeit. Keine Ahnung. Jedenfalls, man vergisst es nicht.

Das war vor ein paar Wochen. Jetzt bleibe ich zum Essen drin. Scheiß auf den Parkplatz und die Beine vertreten und zum reden gibt es auch keinen. Genug Familienväter und Mütter gesehen. Ich rauche nicht, meine Haare sind platt. Was soll ich draußen noch. Anders natürlich wenn es dämmert und man Feierabend hat und die Figuren im Dunkeln sehen kann, ohne die Schlangen und die Kinder, nur die Mitarbeiter, die aus den Löchern und gut getarnten Türen steigen und im Dunklen zum Ausgang laufen. Am Ausgang trifft man sich, drückt sich an den anderen vorbei, fragt wie voll es war, manchmal hat es die einen schlimmer erwischt, manchmal die anderen. Die neuen haben oft Sonnenbrand oder einen Hitzeschlag. Im Sommer, also wie jetzt, obwohl wir jetzt schon näher am Ende sind.

Bis dahin ist es aber noch eine Weile. Ich sitze auf einem Lederstuhl, der Extra für Mittagessen ausgelegt ist, kaue ein trockenes Weißbrot-Salami-Baguette, halte die Hand aus dem Fenster, aus der ich nur mit der Hand rauskomme, weil zwischen der runden Öffnung und dem Stuhl etwa ein Meter Platz ist. Es ist schon beeindruckend gigantisch. Der Garfield. Wir bleiben stehen. Stromausfall. Keine Ahnung, irgendeine Fehlfunktion. Das passiert. Mitten in der Kindermenge hört der gigantische, mechanische Garfield auf, sich zu bewegen, mit dem Schwanz zu wedeln, irgendwas über die Lautsprecher abzuspielen. Seine großen, runden Katzenaugen fallen nicht zu, sondern bleiben beängstigend offen. Ich tue nichts, denn ich habe Mittagspause. Tja.

Die Kinder fassen noch ein bisschen über die Plastikoberfläche und gehen dann, als die Ansage kommt, an der Hand ihrer Eltern oder vor ihren Eltern wegrennend. Von hier oben sehe ich, wie zwei meiner Mitarbeiter die Maschine verlassen, dann schaue ich nach oben. Durch das kleine runde Fenster sehe ich schräg den Himmel. Der Himmel über dem Vergnügungspark. Wenn ich ein Kind wäre, würde ich annehmen, dass der Himmel hier auch nicht echt ist. Nach dem Garfield aus dem Menschen steigen und Rittern mit Baumwollshirts, die kaum sichtbar unter der Rüstung hervorgucken. Ich würde denken, wäre ich ein Kind, der Himmel sei eine gefärbte Halbkugel, die man je nach Themenwoche oder Feiertag verschieden anleuchten kann. Zum Halloween Special Geister und zur Dias de los Muertos Totenköpfe. Wir müssen alle Feiertage mitnehmen. Da gibt es keine Ausreden.

Die Zeit war gekommen auszusteigen. Als Zweiter klettere ich die Leiter runter und verlasse die Maschine durch die kleine Tür. Meine Mitarbeiter stehen davor und unterhalten sich, der Schichtleiter drückt irgendwas unter Garfields Rückenbehaarung. Ich stelle mich zu Kara und stütze meinen Kopf auf ihrer Schulter ab, sie ist verschwitzt, und ich drücke meinen Kopf an ihren Hals, und sie fährt mit der Hand über meine Schulter, und wir, oder zumindest ich, schließen die Augen. Ich mache ein unbestimmtes Geräusch, und Kara sagt: »Ich weiß, ich weiß.« Na klar. Dann gehe ich zu Boden und stütze mich mit meinen Händen ab. Es piekst. Ich lege mich hin. In dieser Situation, bis der Techniker kommt, gibt es nichts zu tun. Er wird das Problem beheben, und wir werden wieder einsteigen, um bis Feierabend noch ein paar Kinder zufriedenzustellen mit Garfields Bewegungen und Sprüchen. Kara setzt sich neben mich. »6 Uhr«

»Unvorstellbar.« »Krass. Das ist die Kühlung. Wie soll das auch funktionieren. Ohne dass sie die Kühlung anmachen« Auf ihrem Rücken ist eine Schweißspur. Ich verdecke die Augen mit meiner Hand. »Ja. Ja.« Sage ich nur. Stimmt ja auch.

Der Mechaniker lässt sich nicht blicken, und ich überlege, ob ich mir mit meinem Mitarbeiterrabatt ein Eis kaufen sollte, und vielleicht den Kollegen mitbringen, aber ich habe kein Geld. Trotzdem stehe ich auf, meine Beine wollen nicht so recht, weil ich im Job oft auf Pedalen drücken muss, die Knie sind meistens angewinkelt, und wenn man dann rausläuft, muss man erst mal humpeln. Ich winke in Karas Richtung und mache mich auf den Weg zum Eisstand, da gibt es nur Langnese. Aber ich hab kein Geld. Warum laufe ich trotzdem hin?Am Eisstand bleibe ich stehen. »Was gibts?« »Eh nichts. Das Ding ist nur ausgefallen. Ich dachte ich kühl mich kurz ab.« Obwohl die Kühltruhe von der anderen Seite natürlich nicht kalt sondern warm ist. »Aha«. »Ich verscheuch ja keine Kundschaft.« »Ne«. »Hast du dir mal überlegt« setze ich an »dass wir, Moment also die Mutter meines Kumpels ist-« Dann muss ich natürlich nachfragen »bist du beschäftigt grad?« der Eismann zuckt mit den Schultern. Ich kenne ihn, wir haben uns gesehen. Wenn wir einander beim Rausgehen begegnen, schauen wir uns an. »Also, die Mutter meines Kumpels hat früher in der Nanoindustrie gearbeitet. Muss man sich vorstellen. Mit Mikrochips und so.« Er bleibt bewegungslos und schaut auf eine Menge von Kindern irgendwo im Hintergrund. Ihm ist die Diskrepanz zwischen Nanoindustrie und Mikrochips nicht aufgefallen. Mir ist sie gerade jetzt zum Ersten Mal aufgefallen. Aber gibt es Nanochips? Ja, natürlich. »Und, eh, also, die muss immer noch zu den Konferenzen, also, sie wird eingeladen.« Jetzt schaut er mich an. Aber ich habe gelernt, diese Blicke zu ertragen. Fettwanst. Nein, das meine ich natürlich nicht. Er ist ein guter Typ. »Und weißt du, was sie sagt?« »Ja, was sagt sie denn?« »Sie sagt, dass wir gar nichts mehr zu melden haben. Also, wir haben nichts mehr zu bieten. Keine konstruktiven Ideen. Das macht alles China. Wir sind dermaßen hinterher und werden nur noch weiter hinterherfallen.« Schnaufen. »Das heißt für uns in Europa, wir werden bald nur noch, achso genau, wenn du sie fragst, was wir machen sollen, dann sagt sie, wir sollten am besten uns mit der Kunst und Restauration befassen. Weil dann kann Europa zu einem großen Freizeitpark für Chinesen werden.« »Was?« »Ja, ich meine, wir sind keine Industrie mehr oder so. Wir sind einfach nur noch schöne alte Gebäude. Und die Menschen aus den Ländern, wo die Produktion stattfindet, können dann zu uns, um sich irgendwelche alten scheiß Häuser anzuschauen, in Cafés zu gehen. Der europäische Flair ne!« »Ha.« »Ich mein, schon jetzt sind ja die Altstädte in den, also in den Städten, die sind ja nicht praktisch –« »Kommst du?« Das war Kara. »Weißt du, was ich meine?«, trage ich noch nach. »Ja, also, ich mein, das kann schon passieren, warum nicht?« »Ja. Na ja. Also, ich wollt dich auf jeden Fall nicht stören.« »Ne, alles gut«. Bisschen hats den schon interessiert. Ich laufe zufrieden zurück zu Kara. Das Ding läuft wieder. Jetzt zurück in die Katze und noch bis zum Sonnenuntergang powerrangern. Während wir nebeneinander laufen sage ich dass es krass ist, dass wenn ich ein Kind wär, ich mir denken würde, der Himmel hier wär nicht echt, weil hier auch sonst alles nicht echt ist. Sie sagt: »Das ist ja voll krass«, ironisch. Kara ist die eine Mitarbeiterin, mit der ich mich verstehe, wir haben auch ein, zwei Mal gekifft nach der Arbeit und so was. Das heißt natürlich nichts. Die restlichen Leute, die im Garfield sitzen, kenne ich kaum, einer ist Russe, ich überlege mir sehr oft Witze über den Weltraum, wenn er da oben sitzt und durch die Luke schaut, man könnte ihn jetzt Juri Gagarin nennen oder so, aber laut sage ich das nicht, zumal ich sowieso nicht mit ihm rede, er redet überhaupt nicht viel. Ein mal hat er auch mitgekifft. Dann hat er Danke gesagt und ist gegangen, wir haben das nicht weiter kommentiert.

»Wir sind das Gehirn von Gaaarfield«, hab ich mal zu ihr gesagt, jetzt wo wir um den kleinen Teich laufen und fast wieder an dem Ding sind erinnere ich mich »Wir sind das Nervensystem und er ist der Kööörper.« Und sie hat gesagt ich soll weniger kiffen, aber ironisch, weil ich natürlich nicht so viel kiffe und auch nicht für besondere Kreativität bekannt bin. Ich finds nur krass.

Wir setzen uns wieder rein, ich geh als vierter rein, ich bin ja am zweiten Platz von unten. Ganz unten ist der Typ der sich um die Beine kümmert. Von dem weiß ich wirklich gar nichts. Dann gehts los. Wir starten, nichts läuft. Dann atme ich Rauch. Darauf wurden wir nicht vorbereitet, aber man weiß ja, was man macht, nämlich: raus. Ich kriege keine Panik, ich sehe nur das Schild, auf dem draufsteht »Ruhe bewahren«. Ich bewahre also Ruhe, versuche, durch meinen Pullover an meinem Ellenbogen zu atmen, während einer schreit: »Wir müssen raus, ganz schnell raus.« Ich muss natürlich warten, bis der ganz unten wieder die Tür geöffnet hat, dann gehe ich auf die Leiter, und mir tritt sofort eine Sohle auf die Finger, ich schreie nicht mal. Nur der Rauchgeruch wird stärker, ich bilde mir ein, dass mir schwindelig wird, und muss jetzt mal langsam schnell nach unten. Die Tür ist offen und wir gehen alle synchron die Leiter runter. Keiner schreit groß rum. Wir riechen nur alle, da bin ich mir sicher, wir riechen alle denselben Rauch, der riecht wie ein Grill oder so was, wie was, was zu lange drauf war, wie Schwarzes, Verbranntes, wie Rauch ja riechen soll. Ich frag mich, ob eine Katze schon mal von innen verbrannt ist. Erst denke ich nein. Dann komme ich raus, renne ein paar Schritte aus der Tür und schaue auf den Ausgang, fokussiert dass jeder raus kommt, laufe rückwärts, da ist einer mit Lederschuhen und Jeans, Peter oder so, dann noch eine, alle kommen schnell und husten, gehen zur Seite. Ich weiß auch nicht, was ich gemacht hätte, wenn einer drinnen geblieben wäre. Vielleicht ist eine Katze schon mal von innen verbrannt, wenn sie etwas Brennbares gegessen hat. Das wär dann von innen losgegangen, wenn es mit der Magensäure reagiert.

Das ist unwahrscheinlich. Dann hätte die Katze gekreischt und wär verbrannt. Und wir wären auch vielleicht verbrannt. Wir sind jetzt gute zwanzig Meter entfernt, und Salomé ruft die Leitung an. Vielleicht muss die Feuerwehr kommen. Zumindest raucht das Ding nur und denkt nicht daran zu explodieren. Dieser riesige, orange, verdammte Kater. Es gibt Platz für maximal neun Leute da drin. Aber wir bedienen ihn zu viert. Auf einigen Plätzen ist aber ein Doppelsitz. Wegen der neun Leben, nehme ich an. Einer, der die Bewegung steuert, einer für Bildschirme und Ton, einer für die Arme und einer ganz oben, um zu schauen, was in der Umgebung passiert und wo man was machen kann. Kindergeburtstage, Eltern, andere Haustiere. Da kann man immer was machen. Es gibt sogar ein Mikrofon, das der Ton- und Bildschirm-Mensch bedienen kann, um mit einer furchtbaren Katzenstimme einem Hund zuzurufen: »Na Sportsfreund, dich haben sie aber ganz schön drangekriegt.«. Alle vier sind raus.

Salomé hat den Leiter der Abteilung bewegliche Attraktionen am Apparat und kurze Zeit später rennt er selbst mit einem Feuerlöscher unterm Arm auf uns zu. Wir sehen ihn von weitem und er kann wirklich kaum rennen. Dabei sieht er nicht besonders unsportlich aus. Wir fangen an, die Kinder und Eltern zu verscheuchen und den Bereich abzusperren. Bald wird die Feuerwehr ankommen und wir werden nichts mehr tun müssen, außer auszusagen, wer was zum Zeitpunkt des Brands gedrückt hat. Kara und ich sitzen am Teich und waschen uns die Gesichter. Aus den als Steine getarnten Lautsprechern läuft eine Durchsage, dass der Cartoonbereich bis auf Weiteres nicht mehr betreten werden darf. Wir müssen auch bald weg hier. Wir stehen auf und laufen langsam in Richtung der Kantine. Kara sagt, wir wären dem Tod von der Schippe gesprungen und sie weiß gar nicht woher der Brand gekommen sei, und der Techniker hätte es ja eigentlich bemerken müssen, und ich stimme ihr natürlich zu, der Techniker hätte es bemerken müssen. »Naja, vielleicht will der Techniker uns ja umbringen« sage ich und Kara sagt »Wahrscheinlich.«

Auf dem Weg zur Kantine müssen wir unter Absperrband durch, irgendwie glaub ich dass es noch mehr Kinder anlocken wird, aber es ist mir herzlich egal. »Was willst du essen?«

Es ist keine große Cafeteria, es gibt belegte Brötchen, diese beschissene Kombination aus Truthahnwurst und Mehrkornbrötchen mit Salat und irgendwas, diese langen.

Wir kauen.

Irgendwann brennt der Garfield ganz, und wir sehen den Rauch. Es ist unklar, was darin alles kaputt gehen oder sich entzünden kann, eigentlich war die Feuerwehr ja schon da. Wir kriegen alle eine Gruppennachricht, dass wir nichts tun können und nach Hause gehen sollen, der Park wird evakuiert. Es gibt keine Panik, die Maschine brennt vor sich hin, und die Menschen verlassen den Vergnügungspark wie immer mit umgedrehten Hälsen um das

Spektakel zu sehen, manche Kinder laufen gleich rückwärts. Die Hitzewellen rollen über die Umgebung, alles Brennbare in der Gegend wird weggeräumt. Kara verabschiedet sich als wir das Tor verlassen und sagt dass wir uns sehen würden, irgendwann müssen wir ja wieder hin. »Arbeitslosigkeit ist übelst« sagt Kara die noch zu ihrer Mutter muss, die sie besucht, mit der sie noch zum Konzert geht. »Ich mag eigentlich auch klassische Musik.« Sage ich dann und sie lächelt und geht und ich gehe zu meinem Fahrrad. Dann fällt mir auf dass ich zu Fuß hier bin, weil von dem ganzen Pedalen auf Arbeit keinen Bock mehr hab noch nach Hause zu radeln und ich lauf in Richtung des Busses, mit dem Meer von Kindern und Eltern, die ärmeren, weil die reicheren natürlich in ihre Wagen gestiegen sind. Es wird langsam dunkel und eine Wolke Garfield zieht auf, bzw. bildet Rauch natürlich keine Wolken die so aussehen wie die normalen Wasserdampf Wolken, aber er bleibt auf eine Weise in der Luft hängen. In den Bus komme ich nicht, oder habe keine Lust mich reinzuquetschen. Ich laufe an der Seite der Betonstraße über die seltenen, trockenen Gräser. Ich denke wie die Kinder beim Feuer spätestens bemerkt haben dass es nicht geplant war. Es sei denn es geht um Versicherungsbetrug. Die haben vielleicht zum ersten Mal ein wirklich großes Feuer gesehen und ich im Prinzip auch.

wahre Geschichte von heute Morgen:

ich komme früh morgens nach ahuse von einer schwierigken Situation, besser gesagt mit involviertem Alkohol und treffe meine Mutter beim sich auf arbeit feritg machen. Sie sagt zu mir und bevor sie etwas sagen kann kotze ich vor ihre Füße und sage: »Mann, im Fight Club sehe ich die stärksten und klügsten Männer kämpfen, die jemals gelebt haben. Ich sehe all dieses Potential und ich sehe die Verschwendung. Verdammt, eine gesamte Generation zapft Benzin, räumt Tische ab oder sie sind Bürosklaven in Anzügen. Werbung macht uns heiß auf Autos und Klamotten, wir arbeiten in Jobs die wir hassen, nur damit wir Scheiße kaufen können die wir nicht brauchen.« und sie sagt erstmal nichts und ich yeete in mein zimmer und aus der entfernung höre ich sie kaltschen und weinen hah – wie das Leben spielt

Wir drei, es ist eine nette Geschichte über die Jugend

Zu dritt lagen wir am Boden eines rosa gefliesten Swimmingpools, welcher anstatt Wasser uns in sich beherbergte und lokalisiert war im hinteren Teil des Gartens meiner Großmutter Gloria, die ich aus verschiedenen Gründen nicht leiden konnte. Erstens war sie schwerhörig und zweitens versuchte sie mit aller Verzweiflung, eine Aura des Mysteriums und der vergänglichen Eleganz um sich zu schaffen, obwohl den meisten durchaus klar war, dass sie ihr Leben in der Provinz verbracht, noch dazu glanzlos verbracht hatte. Nun trug sie lange rote Mäntel und diese furchtbaren Brillen und seeeufzte in Quasierinnerungen an Quasiaffären, aber sagen kann man da ja auch nichts.

Es war höchster Sommer, und die Sonne brannte Löcher in das Laub und in den Himmel, und überall stieg aus dem Boden dichter weißer Dampf-Nebel, und das Gras stand stramm und borstig, nur gelegentlich unterbrochen von Gänseblumen. Der Swimmingpool war 2 einhalb Meter tief und zwischen den zartrosa Fliesen trockneten Halme und abgefallene Blätter.

Wortlos erhob sich die Freundin meines Bruders vom Boden, ließ seine Hand los, die sie bis dato konzentriert gehalten hatte, und ging auf die Leiter zu, die aus dem Pool herausführte. Die letzten zwanzig Minuten hatten sie wohl ein Gespräch geführt, dessen Teil ich nicht war und auch nicht sein wollte. Ich hatte nur still dagelegen und in den Himmel gestarrt. Unterdessen schien es durchaus ernst, denn mein Bruder sprang ebenfalls auf und rannte ihr nach. Er holte sie ein als sie bereits einen Fuß auf die Leiter gesetzt hatte und begann hastig, aber noch flüsternd, auf sie einzureden. Ich setzte mich hin und betrachtete die beiden aus 4 Meter Entfernung und versuchte zu entscheiden, wer ich in dieser Situation am liebsten wäre, mein Bruder, seine Freundin oder ich selbst. Bevor ich den Gedanken zu Ende führen konnte, beendete mein Bruder seine Ausführungen und blieb einfach so vor ihr stehen. Sie sagte nichts, drehte sich um und verließ den Pool. Mein Bruder blieb unten.

Von meiner Großmutter Gloria however gab es eine durchaus wahre Geschichte, die ihre Allüren wenn nicht rechtfertigte, so für sie wenigstens als Wurzel fungierte, ihre Affäre nämlich mit dem großen und durchdringenden Aliazzo, einem Magier auf Durchreise, einem Mann der in Güterwagons schlief und halbregelmäßig in Zeitungen erwähnt wurde, zumeist auf der vorletzten Seite und mit einem kleinen Artikel, aber dennoch, dennoch für die Verhältnisse unseres bescheidenen Dorfes eine Berühmtheit und es ist wahr, dass er, vor gut 40 Jahren mit meiner Großmutter einige Wochen liiert war, nachdem sie ihn nach seiner »Show« zu sich einlud und er ihrer Einladung folgte und die folgenden Wochen kaum das Zimmer verließ, denn Aliazzo, der durchdringende Aliazzo, wie er jetzt in doppeltem Sinne genannt werden könnte, verliebte sich in sie, so viel ist wahr, ganz sicher, denn sie war eine wunderschöne und charakterfeste Frau und er, na ja, er war ein flatterhafter Schöngeist wie sie es sagte zu besten Zeiten und ein verdammter Nichtsnutz ohne Hände an den Armen und ohne Kopf auf den Schultern zu ihren schlechteren und so verließ er sie, letztendlich, im Morgengrauen der fünften Woche und hinterließ einen Brief, einen Blumenstrauß oder was Magier sonst so hinterlassen, und meine Oma, na ja, sie krempelte die Ärmel hoch und stürzte sich in die Arbeit und hielt die ganze Sache unter Verschluss, bis zu den letzten Jahren, da schoss es plötzlich aus ihr raus und aus Wochen wurden Monate und aus Aliazzo dem wandernden Magier wurden Schauspieler und Tänzer und Jazz-Pianisten, und wir, wir nickten und nickten und gingen ihr aus dem Weg, und ich für meinen Teil schielte in Gesprächen mit ihr immer auf den Pool, man weiß ja, wie das ist, man kann es ja verstehen.

Es war immer noch heiß. Mein Bruder und ich lagen auf unseren gebräunten Rücken und sagten nichts und schauten mit zusammengekniffenen Augen durch unsere Sonnenbrillen parallel in den Himmel. Er konnte sich vielleicht vor Trauer nicht mehr bewegen, oder vielleicht hatte er es schon vergessen und dachte nur daran, wie er den Rest des Sommers im Fluss baden würde, oder vielleicht war er in metaphysische Überlegungen vertieft, von denen ich, ein einfacher Junge, ein zukünftiger Hotelier, so viel kann ich schon verraten, nichts verstand, denn wir beide, wir redeten nicht viel. So verging der Tag bis zum Abend, wir wechselten kein Wort, bis es dunkel wurde und kühler und die Zikaden begannen ihre Chansons zu singen und wir aus dem Pool stiegen.

Normalerweise wären wir durch ein Loch im schiefen Maschendrahtzaun gestiegen und dann über die breite

Asphaltstraße nach Hause, wir trugen keine Schuhe und der Boden war warm und rau, aber heute gingen wir beide, wie abgesprochen, durch das Haus unserer Großmutter. Ich hoffte, sie sei schon im Bett, obwohl es erst gegen 9 war und wir ja wussten dass sie nachts lange aufblieb und was weiß ich tat, aber irgendwie hoffte ich trotzdem, obwohl wir ihr Haus auch ganz hätten umgehen können. Wir traten durch die hintere Tür ein und kamen direkt in die Küche. Mein Bruder fing an die Schränke zu durchsuchen, nach etwas zu trinken vermutlich, ich half ihm, denn wir hatten den ganzen Tag über nur eine Flasche Orangensaft getrunken, wobei das meiste davon der Freundin meines Bruders zugekommen war, oder der ehemaligen Freundin. Jedenfalls fanden wir nichts und nahmen deswegen zwei matte Gläser aus dem Schrank und füllten sie mit Leitungswasser. In diesem Moment erhob sich jemand im Wohnzimmer und scharrte auf uns zu. Ihr Gehör hatte Gloria nicht etwa im Krieg verloren oder beim Bedienen von großen Maschinen, sondern ganz einfach durch ein Wattestäbchen dass sie zu tief in ihr rechtes Ohr gedrückt hatte. Wir regten uns nicht, die Tür ging auf, im Rahmen blieb sie stehen, wer auch sonst, imponierende 1 Meter 79, ohne Lockenwickler oder Bademantel, dafür mit einer breiten glitzernden Hose, barfuß und mit einem Jackett der Farbe Bordeaux und mit Augen, die man in der halb dunklen Küche nur erahnen konnte. Das Licht ging an. Ihr hasserfüllter Blick heftete sich an uns, sie fragte: »Was macht ihr hier« oder etwas in der Art, jedenfalls hat ihre Stimme gekratzt und wir wurden das Gefühl nicht los, sie bei etwas sehr Wichtigem unterbrochen zu haben, obwohl sie doch den ganzen Tag nur dasaß. Ich sagte: »Wir waren im Pool«, und deutete mit meinem Daumen nach hinten, Gloria schaute in die Richtung, aber man konnte ihn von hier nicht sehen. »Ich hab euch nicht rein gelassen« hat sie gesagt oder vielleicht »ihr habt hier nichts zu suchen« es kam aufs Gleiche raus, ich schaute rüber zu meinem Bruder, er presste die Zähne aufeinander, wie es Models tun, um auf Fotos einen stärkeren Kiefer zu haben, und dann sagte er: »Wir haben auch nicht gefragt«, halb laut, irgendwie.

Und dann gingen wir zur Tür an ihr vorbei, sie bewegte sich kein Schritt, sie wiederholte nur was sie schon gesagt hatte: »Ich hab euch nicht rein gelassen« oder »Ihr habt hier nichts zu suchen« und mein Bruder blieb einen Moment vor ihr stehen und dann schubste er sie weg, einfach nach hinten und sie fiel um, mit ihrem Jackett und der Hose und kam auf dem Boden auf und wir standen erst mal da und sie lag und schaute uns immer noch so hasserfüllt an und wir blieben kurz stehen und dann quetschten wir uns an ihr vorbei und liefen aus dem Haus und auf die Straße über den warmen und rauen Asphalt und sie schrie irgendwas, aber wir konnten es nicht mehr verstehen und dann rannten wir und rannten und unsere Füße taten weh und die Hitze ließ langsam nach und irgendwann waren wir wieder zu Hause.

Geheim

Ich habe mal gelesen, der konspirative Roman wurde von den Russen erfunden. Eins von zwei Genres (das zweite ist mir nicht bekannt), das die russische Literatur zum Welterbe der »zusammenhängenden, erzählenden Prosa von mindestens 200 Seiten« beigetragen hat. Einen konspirativen Roman nennt man einen, der sich primär mit dem Thema der Verschwörung beschäftigt und entweder psychologisch oder systematisch die Zusammenhänge, Voraussetzungen, Folgen etc. des entsprechenden Systems beleuchtet. Eine Verschwörung kann man u. a. als soziale Entität beschreiben. Die Existenz und Beschaffenheit von sozialen Entitäten hängt von menschlicher Interaktion ab. Das heißt, eine soziale Entitäten wie die Ehe, ein Rittertitel oder eben eine Verschwörung hängt davon ab, dass Menschen an sie glauben und sich verhalten, als gäbe es sie.

Wenn man sich ein klassisches Beispiel eines Konspirationsromans vorstellt, findet man darin zwei Dinge: 1. etwas was man die »echte Verschwörung« nennt und 2. etwas was man »das Glauben an die Verschwörung von Verschwörungsfremden« nennen würde. Daraus folgt es gibt zum Beispiel 1. einen Kreis von Menschen die wirklich die Weltgeschichte beeinflussen und 2. andere Menschen die diesen Zusammenhang erkannt haben und meistens als Folge daraus dagegen vorgehen. Also es gibt 1. die Illuminaten und 2. die Illuminatenbekämpfer die die Wahrheit erkannt haben. Man kann sich allerdings auch einen konspirativen Roman (oder eine Geschichte jeglicher Art) vorstellen, bei dem Aspekt 1 gänzlich fehlt. Das heißt 2. Menschen glauben an und untersuchen eine Verschwörung, die aber im 1. (realen) Sinne nicht existiert. Natürlich kann man sich auch eine Konspirationsgeschichte ohne 2. Gruppe vorstellen, das heißt also, dass eine Gruppe bspw. Illuminaten die Welt beherrscht und keiner es merkt und dagegen vorgeht. Das wäre wahrscheinlich wenig spannend.

Eine dritte Option tut sich auf, wenn man die Definition einer Verschwörung als soziale Entität hinzuzieht. Kann es eine Verschwörung geben, an die die Verschwörer glauben, die aber nicht in vollem Sinne real existiert? Ja, wenn die verschwörerischen Gedanken und Entscheidungen keine realen und großflächigen Folgen haben. Man kann sich also auch eine konspirative Geschichte vorstellen über eine Gruppe die sich für Verschwörer hält, aber keine sind, in dem Sinne, dass sie nichts entscheiden, keine Macht haben etc.

Gibt es einen psychologischen Unterschied zwischen Menschen, die an eine Verschwörung glauben, die real ist, und Menschen, die an eine Verschwörung glauben, die nicht real ist? Eine Verschwörung ist notwendigerweise unwahrscheinlich (scheinend) und versteckt. Man erkennt also Zeichen, bringt sie in einen Zusammenhang und erfindet damit eine Narrative die alles (oder vieles) erklärt und Vorhersagen über die Zukunft erlaubt. Wenn Menschen über unmissverständliche Beweise für etwas verfügen, die von anderen nachvollzogen werden können, dann würde man sie kaum als Verschwörungstheoretiker bezeichnen. Das heißt, der Unterschied zwischen »recht habenden« Verschwörungstheoretikern und »unrecht habenden« Verschwörungstheoretikern liegt in der Korrespondenz mit der Umwelt, die außerhalb der Verschwörungstheoretiker liegt. Also: Entspricht die Vorstellung der Verschwörung der Wirklichkeit? Das bedeutet wiederum, allein an den inneren Zuständen und Gedanken kann man nicht ableiten, ob der Verschwörungstheoretiker recht hat. Das heißt, psychologisch gibt es keinen notwendigen Unterschied zwischen einem recht habenden und einem nicht recht habenden Verschwörungstheoretiker.

Die nächste Frage ist, was bedeutet es wenn etwas in der Literatur real ist? Angenommen, es wird auktorial etwas beschrieben, mit der Autorität eines allwissenden Erzählers und dann kommt eine Figur und erzählt etwas dem nicht Entsprechendes, können wir sagen, die Figur hat »unrecht« und das, was sie sagt, »entspricht nicht der literarischen Wirklichkeit«. Es gibt aber natürlich viele Möglichkeiten, das zu subvertieren und die Realitätszuschreibung in einem literarischen Werk anders zu handhaben. Auch ohne allwissenden Erzähler gibt es subtile Möglichkeiten, darzustellen, dass die Vorstellung einer Figur nicht der Realität entspricht. Man kann die Figur inkohärent machen, widersprüchlich, ihre wahrgenommene äußere Handlung nicht ihrer inneren Repräsentation derselben entsprechen lassen. Also eine Figur schaffen, der man nicht vertraut. Unter anderem das nennt man einen »unzuverlässigen Erzähler«.

Aus diesen beiden Punkten, also 1) rein psychologisch merkt man nicht ob es eine echte Verschwörung gibt und 2) wenn es keine übergeordneten Erzähler gibt kann man unsicher sein ob man der Figur vertrauen kann, folgt: Man kann jede Art des oben beschriebenen Konspirationsromans schreiben in einer unzuverlässigen Form. Beispiel.: Die Figur denkt, es gibt eine Verschwörung, wir merken aber, es gibt keine, ODER: Die Figur ist ein Verschwörer, wir sind uns aber nicht sicher, ob es wirklich eine gibt.

Wie wichtig ist die Interpretation oder Absicht des Autors für die Realitätzuweisung in einem Werk? Das heißt, nur weil der Autor denkt »es gibt in dem Werk eine Verschwörung« heißt es dann automatisch dass es eine gibt? Es gibt zum Beispiel gute Gründe dafür, das Werk autonom vom Erzeuger zu betrachten, zum Beispiel weil der Autor nicht die Kontrolle über alle Entscheidungen hat, die er künstlerisch trifft (er hat keine echte Kontrolle darüber, welche Gedanken ihm kommen usw.). Ein Werk nur an sich zu betrachten, ohne Referenz auf den Autor und auch ohne seine Meinung in besonderem Maße zu respektieren, hat auch pragmatische Vorteile, man kann Dinge darin finden, die der Autor selbst nicht aktiv reingeschrieben hat, die aber sehr gut am Text nachweisbar sind. Ob man diese Erkenntnisse dann valide nennt, hängt davon ab, welchem System man sich verschrieben hat. Hier will ich also nicht sagen: Bei der Interpretation spielt der Autor eine Rolle oder spielt keine Rolle, ich will nur sagen, beide Betrachtungen können ihre Legitimation haben. Manche Autoren gehen so an den Text ran und lassen ihre Interpretation irgendwann außen vor und versuchen nur noch am Text selbst etwas zu begründen.

Nimmt man alles zusammen, so stellt man fest: Eine Figur kann nicht wissen, ob es eine Verschwörung gibt, ODER eine Figur kann es wissen und es uns nicht verraten, wir merken es aber trotzdem, ODER eine Figur weiß es nicht, wir wissen es nicht, aber der Autor hat eine Antwort und wir sind gewillt, ihm zu glauben.

Als Letztes folgt meine Lieblingskonstellation. Es kann sein, dass in einem Roman eine Verschwörung existiert, von der die Figuren nicht wissen, ob sie existiert, von der die Leser nicht wissen, ob sie existiert, und von der der Autor nicht sagen kann, ob sie existiert, bzw. sich nicht zumutet es zu wissen. Ich weiß es in diesem Fall nur, weil ich das Gedankenexperiment konstruiert hab, normalerweise wäre ich selbst in der Position des Lesers.

Und das ist auf jeden Fall dann echt geheim.

Picasso

war es nicht so dass ein Wehrmachtssoldat zu Picasso sagte zu einem seiner Gemälde »warst du das« und Picasso daraufhin sagte »nein du warst das« und der Wehrmachtssoldat sagte »was ich? Nein Quatsch ich kann kein bisschen malen« und Picasso sagte nein mit den Schrecken des dritten Reichs ein Teil dessen du bist hast du dafür gesorgt dass ich solche Bilder male und der Soldat gesagt »achso, so meinst du das. Ja, das kann im übertragenen Sinne sein, wobei mein Beitrag zum erhalt des dritten Reichs relativ geringer ist als dein künstlerischer Beitrag zum erstellen dieses Gemäldes« und Picasso sagte »ja klar kann schon sein« und der Soldat sagte »mir gehts vor allem darum, dass du dein künsterlisches Talent nicht schmälerst, weil im Prinzip die Schrecken des dritten reiches erleben ja sehr viele Menschen aber das Bild hast ja trotzdem du gemalt« und Picasso sagte »Ach hör doch auf« und der Wehrmachtssoldat sagte »nein nein im Ernst, wenn es nur darum ginge dass sich historische Konstitutionen in Kunstwerke umwandeln würden, würde der Begriff des individuellen Künstlers keine Bedeutung haben« »aber das kann ja auch« erwiderte Picasso »eine art simplifikation des eigentlichen Prozesses sein, das Hinstellen eines Individualkünstlers als vorstellbareres Bild statt den historischen Apparat abzubilden, ähnlich wie es im Monotheismus der Fall ist« darauf sagte der Wehrmachtssoldat nichts und nahm das Kunstwerk mit

G. S.

Im prunkvollen Schloss am Berg wohnen: (1) Graf Schaf und (2) Gräfin Schäfin. Sie herrschen bestimmt und klar und lassen ihre Untertanen nie im Ungewissen. Werden die Steuern erhöht so ist klar weswegen, Gesetzesbruch wird schnell und kategorisch bestraft etc. Sie speisen in hohen, langen Sälen auf Silberbesteck, trotz dessen, dass sie Schafe sind. Sie schlafen in einem gemeinsamen Bett.

Es beträgt sich wie folgt: ein (3) unauffälliger Bauer bittet um Audienz und wird bald darauf empfangen. Wie üblich sitzt (1) Graf Schaf in einem roten Samtsessel mit niedrigen, gepolsterten Armlehnen kerzengerade und kaut auf einem Grashalm herum. Seine Augen sind 1. halboffen und 2. hell. Der Bauer tritt ein, verneigt sich und trägt sein Anliegen vor. Es handelt sich um einen Diebstahl oder besser gesagt um einen Betrug durch den (4) Nachbarn des Bauern, einen zwielichtigen Kerl, der, wie man sagt, charakterliche Schwächen hat und moralisch verdorben ist, was aber, in der Grafschaft der Schafschaft, kein Vergehen ist, da jeder hier verdorben sein kann wie er will, wenn er nur die Regeln befolgt. Darauf weist (1) Graf Schaf den (3) unauffälligen Bauern hin, woraufhin dieser leise, aber deutlich hörbar entgegnet, hier würde die Obrigkeit zu kurz greifen. Was meint er damit? »Nun ja, bei allem Respekt, den Menschen jegliche Bosheit durchgehen zu lassen und sie nicht wenigstens zum Guten zu ermutigen, kann auf Dauer keine Stabilität zur Folge haben. Es ist nur eine Frage der Zeit, bis der brodelnde Kessel des moralischen Verfalls den dünnen Deckel des Rechts durchstößt und sich sozusagen der übrigen, anständigen Bürger bemächtigt.« (1) Graf Schaf erhebt sich vom Stuhl und nähert sich dem (3) unauffälligen Bauern. Er steht auf zwei Hufen, ist aber etwas kleiner als der Bauer. Er lehnt sich zu ihm vor und sagt, dieser täte nicht schlecht daran, seinen gemeinen (hier als Synonym für »gewöhnlich«, nicht für »bösartig«) Mund zu schließen und sich zurück aufs Feld zu scheren. Bevor dieser etwas entgegnen kann, wird er weggeschleppt. Die (2) Gräfin Schäfin findet ihren Gatten im Sessel sitzend und sich die Schläfen massierend vor. Ein kurzes und trockenes Gespräch bringt den Diskussionsgegenstand zutage. Am selben Abend entscheiden sich die Grafe Schafe einen Spaziergang zu machen, und werden, während sie dem Sonnenuntergang entgegenprominieren, von entweder dem (3) Bauern oder seinem (4) Nachbarn angegriffen und totgeschlagen. Der Täter (3) oder (4) wird gefasst und nach den Gesetzen verurteilt, das Amt der Grafschaft Schafschaft wird erst von ihrem Vertreter und dann von dem nächsten adeligen Verwandten übernommen. Das Schloss liegt inmitten von einem seichten Tal, dort, wo die Häuser aus hellem Stein sind und die Sonne 1. purpur und 2. magenta in die Weide sinkt, auf der die Schafe, aber glücklicherweise nicht Grafe, weiden.

Die Jahre des Wandels

In unserem Wohnheim beginnen gerade die Zeiten, die ich liebevoll nenne »Die Jahre des Wandels«, nämlich fahren die alten Stundenten zurück in ihre Heimat, nach Italien, in die Türkei, nach Australien, nach Frankreich oder in die Inselrepublik Mauritius und dafür kommen irgendwann neue aus Holland, Marokko, Bangladesch, Spanien. Nur allein bleibe da ich, ein einfacher Mann, manche sagen ein Phantom, manche sagen ein Gamer. Ich wohne schon so lange in diesem Wohnheim, ich habe sie alle kommen und gehen sehen, ich habe ihre Käsescheiben gestohlen und sie zurück nach Kolumbien verabschiedet, noch bevor ich ihre Nachnamen gelernt hab. So ist es – als Fels in der Brandung. Ich sehe mich etwa als Schlucht Mitten in der Welt, an der die Internationalen Gewässer vorbeifließen. Aber ich schweige – wie ein Mineral – wie ein Gentleman – wie ein Gamer.

»Er hat sein ganzes Vermögen durch Smaragdminen gewonnen, die seine Eltern in Südafrika besaßen, er hat von Apartheid profitiert und wurde sehr stark gefördert.«

»Man kann es dir nicht recht machen«, sie schlug mit der flachen Hand auf den Tisch »Wir haben einen Milliardär, der Weltraumfahrer ist, Musikerinnen heiratet, auf Twitter grindet, Weed raucht, mein Gott«, sie war kurz davor, aufzustehen, blieb aber sitzen. »Du bist ein linker Neider.«

»Ich bin kein Neider«, er war in sich zusammengesunken. Sein Kaffee stand vor ihm. So sollte sein Tinder-Date nicht ausgehen! »Sein Sohn ist an plötzlichem Säuglingstod gestorben. Und er hat sich zurückgekämpft.« Okay, das war daneben, das verstanden beide. Jede Möglichkeit, dieses Date in eine gute Richtung zu drehen, war vorbei. Auf eine gewisse Weise, nahm es den Druck aus der Situation. Beide schauten leer in der Bäckerei umher.

»Das hat damit gar nichts zu tun. Aber ist egal. Wir müssen ja nicht darüber reden.« Und wieder hatte er eingelenkt. Wie oft denn noch? Kann man als Mensch respektiert werden, wenn man ständig einlenkt?

»Ja, sorry, stimmt. Das hat irgendwie wirklich gar nichts damit zu tun.« Aber ist doch trotzdem lustig, dachte sie, sich in einer Bäckerei zu treffen. Da kann alles passieren.

»Wollen wir rausgehen?«, fragte er.

Als sie durch die sonnigen, aber kalten Straßen von Kassel liefen, waren sie immer wieder damit konfrontiert, dass ihre Schritte gleich groß waren und sie deswegen immer wieder synchron liefen. Das ging natürlich nicht, deswegen verkürzte oder verlängerte er seine Schritte andauernd, mein Gott, dachte er, warum bin ich es immer, der sich anpassen muss. Aber was sollte man machen? Nach so einem Gespräch konnte man nicht gleichmäßig laufen. War er ein linker Neider? Ein Linker vielleicht. Ja. Aber ein Neider? Neidete er den Schönen und Reichen dieser Welt? »Was hast du noch mal gesagt, was du vorher gemacht hast?« Sie fragte ihn, ohne ihren Kopf zu drehen. Sie guckte einfach starr geradeaus. Man kann es aber auch übertreiben, dachte er und antwortete »Ich hab an meinem Musikprojekt weitergearbeitet. Das ist im Prinzip ein Aktenkoffer der Musik macht, wenn man auf verschiedene Stellen drückt.« Ihr erster Gedanke war: Woher hast du denn einen Aktenkoffer?, aber sie waren nicht auf der Ebene. Sie waren auf der angespannten Ebene, wo jeder Witz falsch verstanden werden konnte, wo man wegzucken musste wenn beide nach dem Wechselgeld griffen, wo man die Haare des anderen anguckte und nichts dazu sagen durfte. »Wie macht man das denn?« »Na ja, man hat so eine Art elektrische Empfänger und die macht man auf den Koffer von unten, und wenn man die berührt senden sie einen Impuls und der wird dann in ein akustisches Signal umgewandelt.«

An der Pommesbude blieben sie stehen. Sie wollten nicht mehr über Politik reden, nicht mehr über gesellschaftliche oder sensible Themen. Aber es drängte sich auf. Es flog von überall auf sie zu. Es lag ihnen auf den Zungen, Sozialtourismus an der Pommesbude, »ich bin eine von den Mädels mit denen man auch einfach mal Pommes essen kann« wollte sie scherzen, aber würde er es verstehen, er ist in Ordnung, sie versuchten einander noch einzuschätzen. Aber was hatten sie zu verlieren? Sie waren nicht in denselben Kreisen unterwegs. Na los, trau dich, dachte er. Er hatte gewisse innere Überzeugungen, die er noch als Kind gelernt hatte, von denen er sich nicht trennen wollte, obwohl er ahnte, dass sie vielleicht nicht stimmten. Nämlich man kommt weiter, wenn man mutig ist, wenn man sich was traut.

»Pommeeeeees« sagte er in einer langgezogenen Manier, die ihn an eine lange Note der Geige erinnerte. Sie lächelte. Oh, mein Gott, wie schön das war! Das dachten beide. »Ja, zwei Mal Pommes, bitte«, bestellte sie lächelnd, »rotweiß«. Hast du das als Kind schon gegessen? Das wollte er fragen. Und er tat es. »Hast du das als Kind schon gegessen?« Sie hörte auf zu lächeln. »Ja, na klar. Hat doch jeder.« Schon wieder falsch, schrie er innerlich. Schrie er innerlich so laut.

25 Jahre später trafen sie sich zufälligerweise in einer Filiale vom Galaxy Store. Was wäre passiert, hätten wir uns damals ein zweites Mal gesehen? Das war die Frage, die beiden auf der Zunge lag. Obwohl ihr letztes Treffen

25 Jahre her war, erkannten sie sich sofort. »Heeeey, na« »Hi, wie geht es dir?« »Oh, mein Gott, wie lange haben wir uns nicht gesehen?« So plapperten sie los. Es stellte sich heraus, dass sie beide da waren, um sich ein neues Gerät zu kaufen. Sie hatten sogar ein Auge auf dasselbe Modell geworfen. Froh schnatternd über Ehe, Kinder und Beruf, verließen sie den Laden. Sie arbeitete jetzt in einer Analytics Firma. Er war auf dem Bau, halb Programmierer, halb Bauarbeiter, so scherzte er. »Aber natürlich muss ich jetzt nichts tragen. Ich fasse nur die Maschinen beim Arbeiten an. Ha ha.« Natürlich musste er nicht nur daneben stehen. Immer noch war der Mensch und die Maschine in einer Symbiose, vielleicht in einer Abhängigkeit, aber das menschliche Gehirn konnte sich noch behaupten. Sie liefen ein Stück des Weges zusammen und verabschiedeten sich an einer Haltestelle. »Na dann, also, wenn du Lust hast, könnten wir uns ja noch mal sehen oder so.« »Klar, gerne. Das zweite Treffen. Nach so vielen Jahren.« Beide lachten und gingen ihrer Wege.

Ihr zweites oder streng genommen drittes Treffen war auf einem Friedhof. Es begann mit einem Witz. »Lass uns doch an seinem Grab treffen!« Sie erinnerten sich beide noch allzu gut an ihr erstes Gespräch, das Gespräch, in dem er vorgekommen war. Das Gespräch womöglich, wegen dem es kein zweites Treffen gegeben hatte. Nicht, dass es ein Deal-Breaker gewesen wäre für einen von beiden, aber die Atmosphäre war dadurch vergiftet. Darin waren sie sich einig, als sie die Friedhofsallee entlangliefen. Natürlich war sein Grab nicht hier. Aber sie gingen trotzdem auf einen Friedhof. Ob ein metaphorischer Sinn darin lag, fragte er sich und war sich eigentlich sicher, dass man einen finden könnte. Irgendwann hielten sie an einem Grab. »Es ist schwer, sich daran zu gewöhnen, dass die Leute auf den Friedhofen immer näher an deinem Geburtstag geboren werden«, sagte sie, »weißt du, was ich meine?« »Ja, ich weiß es sehr gut.« »Ich wollte mich übrigens, das ist so dumm, ich wollte mich dafür entschuldigen, dass ich dich damals Neider oder so was genannt hab. Ich war da noch mehr hardcore drauf. Mich haben die ganzen Trottel in meinem Umfeld gestört. Die immer alles auf die anderen geschoben haben, weil sie selbst nichts geschissen bekommen haben. Ich hatte damals wie eine fixe Idee: immer weiter, immer schneller. Weißt du, was ich meine?« »Ja, na klar. Ich fands ja auch nicht schlimm. Oder es war wie ein wake-up call. Es hat nicht mein Leben geändert, aber ich hab dann schon noch mal nachgedacht. Warum mag sie mich nicht, was hab ich falsch gemacht. So was.« »Oh, nein. Du hast doch nichts falsch gemacht. Ich dachte halt, es ist nicht das, was ich will. Ich wollte halt irgendwie, das klingt so dumm, ich wollte irgendwie so einen Power-Partner.« »Und das war ich nicht.« »Nein.« Sie drehten sich vom Grab zueinander. »Aber krass, dass er so früh gestorben ist, oder?«, sagte er. »Wenn du wüsstest. Okay, wenn ich einmal darüber anfange, kriegst du mich nicht mehr zu. Ich rede und rede und rede.« Sie lachte und es war immer noch schön. »Ich weiß nicht, ob du das willst.« »Doch, na klar, erzähl.« »Okay«, sagte sie und holte Luft.

»Es war, so wie ich das sehe, ein Wendepunkt. Er hatte alle Macht der Welt. War der mächtigste Mensch. Machen wir uns nichts vor. Und er wurde krank und starb. Und was konnte die ganze Technik daran ändern? Nichts. Das ist total simpel. Aber seine letzten Arbeiten. Er begann, es war wie Poesie. Was er alles tat. Irgendwann mal programmierte er eine Sache, die für ihn jede Minute auf Twitter postete »back to work«. Mein ganzer Feed war voll von ›back to work‹, ›back to work‹, ›back to work‹. Das hat mich damals schon motiviert. Er starb, ich ging ›back to work‹. Die vorletzten Projekte waren Upload. Hätte er nur noch paar Jahre durchgehalten. Aber damals ging es nicht. Und was waren die letzten Projekte? Malen und sowas. Manchmal denke ich am letzten Tag, hätte er einen Koffer genommen, und aus ihm ein Musikinstrument gemacht. Weißt du noch? Wie du mir erzählt hast. Ich hab mir vorgestellt wie er sich einfach in seinen Stuhl setzt und einen Koffer bestellt. Darauf die Empfänger anbringt. Und dann einfach. Keine Ahnung. Ich mein, es war sentimental für mich. Ich hatte so eine Verbindung aufgebaut. Es war, als würde mein Arbeitsethos mit ihm sterben.« »Aber du hast doch weitergemacht«, sagte er, wieder zum Grab gedreht. Immer wieder las er die Worte darauf. Der Name kam ihm nicht bekannt vor. Es war einfach irgendein Grab, vor dem sie standen. Es war schön, rau. »Nein, natürlich nicht. Aber verstehst du, was ich meine? Wenn er kurz vor dem Tod, als alles nicht mehr ging, versucht hätte, einen Koffer in ein Musikinstrument zu verwandeln …« »Aber das hat er doch nicht gemacht«, sagte er, »oder?« »Vielleicht doch, ich weiß es nicht.« Ihre Stimme wurde leiser. »Ich hab es mir halt vorgestellt. Natürlich hat er das nicht gemacht. Aber ich dachte, das wäre das Richtige für ihn gewesen«. »Okay«, sagte er, »das verstehe ich.« Sie liefen noch eine Weile über die Allee und hatten beide das Bedürfnis, sich an der Hand zu nehmen. Es wäre theoretisch gegangen.

Ihr nächstes Treffen war schon eine Woche später. Sie saßen ruhig im Park, schauten sich die Tauben und Bäume an. Sie sagten nicht viel, sie genossen nur ihre Zweisamkeit. Er hatte seiner Frau gesagt, wohin er ging, er traf sich mit einer alten Freundin. Die alte Freundin hatte es ihrem Freund auch gesagt. Sie saßen da, guckten geradeaus. Sie hatte ihn gebeten, nachzuschauen, ob er den Koffer noch hatte. Er hatte ihn nicht. Konnte sich kaum daran erinnern, ob er ihn fertiggestellt hatte oder verschenkt oder sonst was. »Ich stelle mir vor, du hättest ihn mir damals gezeigt oder vielleicht geschenkt«, hatte sie geschrieben. Das hätte seltsam klingen können oder flirty, aber er interpretierte es ehrlich. Wie ein ehrlicher Wunsch. Und für ehrliche Wünsche muss man sich nicht schämen.

Tatsächlich, hatte er sich auf dem Heimweg letzte Woche gedacht, hätte er noch ein paar Jahre ausgehalten, die Technik wäre weit genug gewesen, und was hätten wir dann? Aber so einen Upload ließ fast niemand machen. Fast niemand konnte sich vorstellen das zu machen. Im fortgeschrittenen Alter entschieden sich manche um, aber es war alles so neu und so abgedreht, unvorstellbar. Er konnte es sich für sich nicht vorstellen. Sie dachte noch darüber nach. Aber was dann? Ewig upgeloaded sein? »Man kann sich ja das Leben nehmen, wenn man keine Lust mehr hat« hatte sie geschrieben. Sich abstecken, hat sie gedacht, aber nicht geschrieben. Sie saßen im Park und schauten sich einfach die Tauben an. »Die sind einfach da und wir werden heimgesucht von den Geistern«, sagte er und guckte einfach geradeaus. Die schönen Bäume, die schönen Tauben. Sie lachte wieder und nahm endlich seine Hand, aber man konnte nicht sagen, wie es eigentlich gemeint war. »Seit wann sind Tauben eigentlich im Park zu Hause? Sind sie nicht eher auf den Straßen?«

»Keine Ahnung. Ich weiß es nicht.« »Was hast du denn damals gespielt auf dem Koffer?« »Ach ein bisschen Chopin« Toller Witz. »Ich weiß gar nicht, ob ich ihn fertiggestellt hab, ich weiß gar nicht, ob er bereit war zum Spielen.« »Du hättest ihn mir einfach zeigen können. Dann hättest du ihn sicher fertiggestellt.« Sie schauten in den Park und dachten an die schönen Geister.

El Hotzo und ich sind gleich alt

was uns noch verbindet: wir studieren beide bwl, sind lustig reflektiert und berühmt, auch ich werde zu »unrecht« gehasst (von vielen) kann aber in interviews darüber kokett lächeln was kann man noch sagen ein paar sätze die uns beiden über die lippen kommen sind: haha damals in schwabingen, ich hätte gern eine Cola Pepsi und Aloho, El Hotzo hier, bereit für die Landung. Tatsächlich haben wir uns kennengelernt einmal im Backstage des Astra Clubs in Berlin, er hatte da einen Auftritt und saß mit seiner Freundin und einigen Kollegen. Ich sah ihn von weitem und wollte nur nett grüßen, weil ich ihn und seine Arbeit schon damals interessant fand. Als ich mich näherte, bemerkte ich, dass er mich aus dem Augenwinkel sah, sich aber nicht umdrehte. Ich beschloss den Stier bei den Hörnern zu packen und sagte »Hey Hotz, wollt nur sagen dass ich deine Sachen ganz gut finde.« Seine Freunde wurden auf einen Schlag ruhig und er drehte sich langsam um. Er musterte mich einmal von unten nach oben. Dann sagte er langsam »lutsch«. Ich habe zuerst nicht verstanden und sagte »Sorry wie bitte?« Er schaute mir in die Augen und sagtc: »Du bist gckommcn um zu lutschcn, dann lutsch« Und dann deutete er auf seine Hose. Ich schaute mich um. Der Backstage war halb leer und niemand hatte unsere Unterhaltung bemerkt, allerdings schauten mich seine Freundin und seine Kollegen alle mit einer Mischung aus Abscheu und Interesse an. Ich ging einige Schritte auf ihn zu. Er öffnete seinen Hosenstall und zog die Hose etwas runter. Ich ging in die Knie und nahm seinen Penis in den Mund. Wie ich also mit meiner Zunge unter seiner Vorhaut lang fuhr, bemerkte ich dass er seine sehr enge Vorhaut hatte, die kaum über die Eichel zurück ging. Als ich wieder aufstand und die Blicke seiner Entourage sich von mir wieder auf ihn richteten und ich mich umdrehte um zu gehen dachte ich mir »verdammt, der Mann hat wirklich eine Vorhautverengung«. Als ich aus dem Backstage raus war, hatte ich den Vorfall fast wieder vergessen. außerdem kommen wir beide aus den Verhältnissen

Vietnam

Sie führen ein Gespräch mit sich selber. Sie sind ermüdet, quengelig. Sie schauen hoch. Ihre Oma führt Sie an der Hand. Sie schauen runter. Ihr T-Shirt ist gestreift. Sie sind ein Kind. Ein Rabe setzt sich vor Sie hin. In der Stimme ihrer Oma sagt er: »Nächste Haltestelle: Burgallee«. Ihre Oma war Straßenbahnfahrerin. Woher wussten Sie das? Der Rabe fliegt auf Sie zu und pickt in ihre Augen. Sie wachen schweißgebadet auf. Nun sind Sie der Rabe. Vor ihnen steht ein dickes Kind mit seiner Oma. Sie öffnen ihren Schnabel. Sie sagen: »Nächste Haltestelle: Ich backe Kartoffelpiroggen« Ihre Oma war eine gute Köchin. Diesmal sind sie die Oma. Nein, Moment. Sie sind ein Parasit den sie von ihrer Vietnam-Reise mitgebracht hat. Wie gefiel es ihnen in Vietnam? Die Sonne geht unter. Sie sitzen auf einem unbequemen Stuhl, gegenüber ein vietnamesischer Mann mit weißem Bart. Sie wissen: Gott ist kein vietnamesischer Mann. Oder? Diesmal wachen Sie nicht auf. Diesmal müssen Sie sich ihren Problemen stellen.

Nicolo Sovignetti – der Erfinder der »Bystander« Technik

Vokalübungen kratzen von innen an diesen Wohnmobilen, diesen Campingbussen. Es ist früh morgens, fröstelig und Herbst, Drehbeginn ist um neun, weil Nicolo, ja, der Nicolo, nicht erlaubt, mit dem Dreh zu beginnen, bevor er nicht ausgiebig im naheliegenden See baden war, was allerdings keine Kaprice ist, das sollte man allein von der Wassertemperatur ableiten können, noch weniger eine Luxusgewohnheit, sondern ganz einfach der einzige Weg für einen alten Mann, mit seiner Hautkrankheit fertig zu werden. Es funktioniert. Von den Flecken in Nicolos Gesicht ist wenig zu sehen, als er raschelnd aus dem Wald emergiert, ganz in Beige, mit seinem Hut und zähneknirschend wie eh ein Meiländer in der schwedischen Taiga, noch dazu morgens um zwanzig Minuten vor Neun.

Ich folge ihm zu seinem Wohnwagen und bleibe vor der Tür stehen. Er steht im Inneren vermutlich vor seiner Uhr, zieht sich aus und wieder an, putzt sich die Zähne in seinem drahtigen, alten Körper, ich klopfe an. Es wird ignoriert. Ich klopfe noch mal an. Vielleicht sieht er sich auf irgendeiner Piazza von Tauben umgeben in der Sonne, während ich hier, er macht auf und gibt mir fest die Hand. In seinen Augen bilde ich mir ein zu sehen, dass er an keine Piazza gedacht hat, an keine Sonne, er hat gearbeitet. Ich gehe rein, setze mich, er zieht sich weiter an, ohne auf mich zu achten. So sitze ich etwas da und notiere mir, dass der große Regisseur Nicolo nie aufhört zu arbeiten, streiche es augenblicklich wieder und schaue mich stattdessen im Wohnwagen um. Ja, es sind keine Poster, keine Bilder, natürlich, er geht raus und lässt die Tür offen. Gelegenheit vorbei, es ist neun. Was ist besonders an den Filmen von Nicolo Sovignetti? Neben der Liebe zum Detail und der rhythmischen Montage gilt der meiländische Regisseur als Begründer der sogenannten »Bystander«-Technik, einer speziellen Methode, bei der er selbst zu jeder Zeit, meist im Hintergrund der Szenerie, zu sehen ist. Die Deutung dieses Stilmittels überlasse ich gern den ausgebildeten Filmtheoretikern, es sei nur gesagt, dass seit dem Anfang des letzten Jahrzehnts die »Bystander«-Technik eine enorme Anzahl an Verehrern, Kritikern und Imitatoren ansammeln konnte und seitdem fleißig kopiert, persifliert und weiterentwickelt wird.

Ich verlasse den Wohnwagen, es ist drei nach neun, die Arbeit hat begonnen, es wird an einer Lichtung gedreht, vorne, ich gehe hin, die Tannen sind hier riesig, monumental und riechen, aber es ist nach wie vor kalt, windig, ich habe mich noch kein einziges Mal gefragt, was ich hier mache. Angekommen sehe ich wie eine Frau, das ist die Protagonistin, bewegungslos und barfuß vor der Kamera steht. Im Hintergrund sitzt Nicolo im Schneidersitz. Sie schweigt eine Weile und beginnt dann zu reden, von ihrem Kind, soweit ich das verstehe, sie schaut schräg an der Kamera vorbei. Ich verabschiede mich langsam von der Idee, Nicolo jemals verstehen zu können, er sitzt einfach nur da. Außerdem anwesend sind zwei Kameramänner, noch einer der den Ton hält, ein niedriger Tisch mit Butterbroten und geschnittenen Gurken.

Die Schauspielerin redet jetzt vom Krieg und davon, wie sie ihn verpasst hat, längst wundert sich keiner mehr über solche eingeschobenen Monologe, sie sind Teil des Sovignetti-Stils, ich habe während meiner Recherche einen Artikel gelesen, in dem Menschen zusammengetragen haben, wie sich das Schauen seiner Filme auf ihr Leben ausgewirkt hatte. Neben den vielen Motivierten, Geretteten und Erleuchteten gab es Einzelfälle, bei denen die übermäßige Beschäftigung mit dem Oeuvre zu einem allgemeinen Ich-werde-beobachtet-Gefühl geführt hat, eine Frau hat sogar darüber geklagt, Nicolo selbst von Zeit zu Zeit in ihrem Blickfeld zu sehen oder hinter sich zu spüren. Sie gab allerdings zu, schon vorher an Wahnvorstellungen gelitten zu haben.

Es ist 17 nach neun, scheiße kalt, nach wie vor passiert nichts, nichts, ich stehe, friere, auf der ersten Seite meines Blocks stehen zwei Worte, buchstäblich »Nicolo« und »Baden«, ich sehe zu ihm rüber und er weint. Nicolo sitzt immer noch im Schneidersitz mit gesenktem Kopf und sein Gesicht sieht aus, als würde es in einem Strudel verschwinden, der sich auf Höhe seiner Nase geöffnet hat, die Schauspielerin spricht und spricht unberührt von dem Krieg und dem Feuer in ihrer Hütte, die Menschen hinter der Kamera reagieren nicht weiter darauf, sie halten ihre Geräte möglichst eben, möglichst gerade und ich schaue auf Nicolo und er flennt wie ein Vulkan, Tränen rollen über seine blassen Hautnarben, über sein hellbraunes Hemd, das er statt seiner beigen Weste trägt, er beißt sich auf die Zähne, schnaubt und winselt.

Benjamin von Stuckrad-Barre

Das erste Lied ist ein Kracher. Mitten in die Fresse! Vors Fressbrett. Hingestellt und angeschnallt. Keine Kompromisse, die knallrote Achterbahn runter, direkt durch die Mitte. Womöglich der bombastischste Hit des ganzen Jahrzehnts. Bringt alles auf den Punkt. Zwischen opulent und minimalistisch – wer sagt so was? Das ganze Floskelnfeuerwerk in der Presse hat es sicher nicht verdient. Einfach gute Hausmannskost. Eine astreine Platte, aber, und das ist wichtig, nicht zu abgehoben. Ich mache keine Musik zum Diskutieren, sagt der Frontmann. Ich mache Musik, und das ohne Pause davor, zum Hören. Das ist alles. Froh hören, traurig hören. Einfach hören. Mit den zwei Ohren. Für Kopfmenschen oder für Sinnesmenschen. Nicht nur für Genießer, für jeden ist was dabei. Das zweite Lied weniger exzentrisch, aber schlängelt sich direkt ins Herz. Ein leises Inferno. Nein, das ist schon wieder so ausgelutscht. Ich meine einen echten Todesstoß. Direkt ins emotionale Zentrum. Was dich direkt zu Tränen schlägt. Oder, besser gesagt, feuchte Augen. Vom ersten Ton. Wunderbar melancholisch, aber ohne kitschig zu werden. Ehrlich, aber keine Angst davor, über die Stränge zu schlagen. Das dritte und vierte Lied nehmen dann stark ab. Nicht so aufregend, nicht so megalomanisch, aber das gehört alles zum Programm. Und dann kommt das fünfte Lied. Du hast doch nicht etwa an der Platte gezweifelt, oder doch? Aber da wird dir noch mal ganz klar gezeigt: So und nur so muss man ein Bergfest feiern. Das ist dann doch etwas unerwartet. Konsequent durchgezogen und dadurch so überraschend. Daneben dann der sechste Titel komplett zum Schmusen. Völlig aus Plüsch oder Watte. Ein Kirschkernkissen, nur statt Kirschkernen sind darin weitere Kirschkernkissen und so immer weiter. Leg dich rein, ruh dich aus. Dann verschwindet es aber. Und ehe du dich versiehst, wirst du ins kalte Wasser geschmissen. Ja, das kennt man doch irgendwoher. Der siebte Titel ist ein eisiges Bad in Meer. Irgendwann im Oktober. Man fühlt sich wie ein Fisch, der zurückgeworfen wird. Klar, man ist froh, dass man nicht tot ist. Aber es schockt dennoch. Das achte ist dann wieder zum Warmwerden. Organische Töne, mitunter Harmonien und Ideen, die in einem anderen Kontext dann doch zu zahnlos und unkontrovers gewesen wären. Aber hier genau richtig. Und dann das Finale. Der Neunte und letzte Song ist eine Ode an all das, was war, konzentriert zu einem musikalischen Moment von knapp vier Sekunden, und ein Ausblick zu dem, was sein könnte. Aber nicht unbedingt sein wird. Die Gegenwart ist trotzdem vorhanden. Aber sie wird nicht direkt in den Blick genommen. Vor zeitgenössischen Referenzen und Zitaten sieht die Platte komplett ab, wie auch. Am Ende fühlt man sich wie eine umgetopfte Pflanze, weil in dem vorherigen Topf kein Platz mehr war. Denn da gab es schon zwei. Man hat noch keinen festen Stand, aber das könnte noch werden. Nach dem Hören fühlt man sich nicht, als wäre man angekommen, erlebt hat man trotzdem reichlich. Es bleibt nur zu sagen: Finally, some good fucking music!

Ein netter Frühlingswind spaziert über die tiefen Dächer des alternden Heims, (interaktiv)

Ein netter Frühlingswind spaziert über die tiefen Dächer des alternden Heims, lange Fenster an den Seiten und Rentner nehmen auf mehreren Etagen gleichzeitig ihre Gäbelchen in den Mund und schwimmen unten Bahnen. Dann die weite europäische Straße, davor Autos und Bürgersteig, irgendwo hier ist ein Kino, in dem ein Hamburger Film läuft, ein Italienisches Restaurant, wie hingemalt. Von einem sozial engagierten Maler allerdings. Der Hamburger Film: zeigt das Leben so, wie es ist.

Lea läuft die Straße entlang. In ihrem Rucksack ist ein Laptop, dann hat sie noch Zigarettendrehzeug, Kopfhörer, eine Flasche Wasser (Vittel), ein Buch über urbanen Wohnungsbau. Leichten Schrittes. Die Vögel zwicken. Der Frühlingswind nach wie vor. Vor dem Altersheim bleibt sie stehen. Ist es das Altersheim, in dem ihre Großmutter Gloria, eine sich als alte Exzentrikerin ausgebende Dame haust, oder wohnt Gloria womöglich in einem ganz anderen, ähnlich aussehenden Altersheim, oder ist sie gar gestorben und man hat sie nicht informiert? (Wählen Sie ab hier bitte Ihr Abenteuer. Bei »/« ist es vorbei. Wenn ein »–« da steht, dann folgt eine Option. Wenn kein »–« da steht, dann folgt das was passiert, wenn man sich für die Option entschieden hat.)

(1) – Das Altersheim betreten und nach Gloria suchen.

(2) – Die Straße weiterlaufen, es wird langsam spät.

(1) Leas Erinnerung, der Abschied von Gloria am Auto, ihr geübt verträumter Blick, diese Frau hat ihr ganzes Leben in einem Dorf verbracht. Keine Kühe, aber doch Abende, doch Spiele, doch Flüstern aus allen Steinecken und Böhse Onkelz, ein Dönermann (unser), Motorräder, Harleys, die Lautstärke, vielleicht gab es doch ein paar Kühe. Ab einem Punkt war Gloria nicht mehr habituseller Teil der immer fetter werdenden Rentnerbevölkerung, sondern wurde wie aus Trotz dürr, trug nur noch lange Mäntel, betrieb ein Kuchen-Café, stellte Kunst aus, kleine Malereien und Skulpturen, wenn Lea nicht alles täuscht, hatte sie sogar begonnen, Französisch zu lernen, das könnte allerdings auch eine Einbildung sein. Es ist leicht zu deuten, die meisten Freundinnen von Lea studieren Psychologie, aber der kleine Weltschmerz, die große Welt und solche Sachen, wieso ist sie dann nicht einfach weg gefahren? Sehr unklar. Von den meisten wurde sie ignoriert, was angesichts der Mentalität des Dorfes ein reiner Vorteil war. Irgendwann fielen ihre Wangen ein, sie hatte Schwierigkeiten beim Gehen und es wurde gemeinschaftlich beschlossen. Das Altersheim ähnelt im Prinzip einem Hotel mit blassen Farben, perverser Weise einer Jugendherberge, Pflanzen, Sessel, alles schön still! Die schlurfenden Renter mit ihren hängenden Augen, immer mal ein paar frische Früchte von 30 Jahren Brust- und Rückenschwimmen. Mit ein paar Schritten durchquert Lea das Foyer und ist am Schalter.

(1-1) – »Hallo, ich bin auf der Suche nach meiner Großmutter«

(1-2) – »Guten Tag, können sie mir helfen, ich bin auf der Suche nach meiner Großmutter, sie heißt Gloria, können sie eventuell nachschauen, ob sie hier wohnt?«

(1-3) – Erst mal starren.

(1-2) »Ja, einen kleinen Moment.« Die Frau schweift zum Monitor und beginnt, etwas mit vier Fingern einzutippen. Lea lehnt sich gewohnheitsmäßig an die Theke und schaut durch den Raum. Es hängt ein Bild an der Wand von violetten Blasen. Im Vorder- und im Hintergrund. Violette Blasen. Ein großes Bild. (1-2 cont.)

(1-3) »Kann ich ihnen helfen?«

(1-3-1) – »Nein«

(1-3-2) – (gehe zu 1-1)

(1-3-1) »Nein.« Lea dreht sich um, hier hat sie nichts verloren. Selbst wenn Gloria hier ist, was soll sie ihr sagen? Der Kunst beim Sterben zusehen, kann sie auch in einem staatlichen Museum. Dabei hat Gloria in ihrem ganzen Leben wohl nichts –. Na ja, egal. (1-3-1 cont.)

(1-1) »Hat ihre Großmutter auch einen Namen?« »Ja.« »Aha.« »Gloria Bestehorn.« »Mhm.« Sie beginnt, etwas mit zwei Fingern zu tippen, betont langsam, nicht ihre Schuld. (1-1 cont.)

(2) Die Dämmerung beginnt – an irgendeiner Birke zittern Blätter. Der Himmel graut und kälter wird es auch langsam, die Tauben setzen sich auf die Regenrinnen, jemand hantiert in seinem Hinterhof mit einem Handrasenmäher, irgendwo probt eine Band, rechts taucht das Thalia-Kino mit einer Kinobar inklusive Außenbereich auf, für Weißwein und dergleichen, deutsche Filme,

europäische Filme, auf der Toilette hängt ein Mann (Bild) mit offenem Hosenstall und sehr eckigem Gesicht, harter Kiefer, er hat einen dichten Bart, hier treffen sich die Frühabendtrinker (Genießer). »Der Tag schließt seine schläfrig Lider …« kommt ihr irgendein Gedicht in den Sinn, oder ein Lied? Lider – Lied. Lea läuft voran, bleibt dann aber stehen. Jetzt einen Film?

(2-1) – Ja.

(2-2) – Nein, man kann nicht jedes Mal, wenn man Lust auf etwas hat, es sofort tun, letzten Endes gibt es Geld, Verpflichtungen. Die Belohnung ist auch umso höher, je mehr man auf dem Weg dahin entsagt hat.

(2-2) Auf dem Weg nach Hause begegnet Lea ihrem Kumpel Jonas. Das Gespräch verläuft in gewohnten Bahnen. Jonas studiert klassischen Kontrabass, hat schöne blonde Haare, sein Vater, den er vergöttert, ist Wissenschaftler, sagt ihm »du bist nicht depressiv, mein Junge, du bist nur faul«, es scheint leider zu stimmen, Lea ist da nicht sicher, sie hat Psychologiefreundinnen, Jonas ist auf dem Weg nach Hause von der Arbeit. Er arbeitet in einem Café. (2-2 cont.)

(1-3-1 cont.) Als sie wieder auf der Straße steht, dreht sie sich noch mal zum Altersheim um. Gar kein so hässliches Gebäude. Sie läuft weiter in Richtung ihrer Wohnung, eine Band, ein Handrasenmäher, langsam wird es dunkel. Der Weg verläuft ereignislos, bis sie vor ihrer Haustür steht. (2-2-3)

(2-1) Es laufen mehrere Filme, einer über einen Rockstar, den zu viele mögen, einer über ein Pärchen,

Langsamkeit, Betrug, ein geheimnisvoller Fetisch der Frau, viel Schweigen, Felder, Leuchttürme (Windmühle nur in äußerster Ferne), ein Film über Härte, ein Film über eine spanische WG oder ein Haus oder ein besetztes Haus, es verspricht, heiß zu werden.

(2-1-1) – Rockstar

(2-1-2) – Fetisch

(2-1-3) – Härte

(2-1-4) – spanische Hitze

(2-1-5) – Ein Bier trinken, statt sich einen Film anzusehen.

(1-2 cont.) »Hier haben wir sie. Gloria Bestehorn. Wollen sie gleich hoch?« »Ehm. Ja. Gerne. Ist sie denn da?« »Das kann ich ihnen nicht sagen.« Hier ein Augenkontakt. »Vielen Dank.« »2-142 ist das Zimmer. Einfach klopfen. Wir haben gerade keine Veranstaltungen.« »Was haben sie denn sonst für Veranstaltungen?« »Wassersportarten haben wir, Gymnastik, Spieleabende.« »Spieleabende?« Verständnisloser Blick von der Frau am Schalter. »Na gut, vielen Dank.« Die schöne helle Laminattreppe führt Lea in den zweiten Stock des Altersheims. Ist es seltsam, seine Oma so spontan zu besuchen? Der letzte Besuch ist fast ein Jahr her, obwohl sie in der gleichen Stadt wohnt. Seltsam. 2-241. Drei Klopfer mit ihrem Fingergelenk. Keiner antwortet. Eine gewisse Erleichterung macht sich breit. (1-2 cont. (2))

(1-1 cont.) »Das System spinnt gerade, schauen sie am besten im Speiseraum nach.« Komisch, dass das System gerade heute, »vielen Dank« das charmante Lächeln. In den Speiseraum läuft Lea sicheren Schrittes, ihre braunen Schuhe federn leicht auf dem kurzgeschorenen Teppich. Der mittelgroße, helle Raum unterscheidet sich nicht von einer Schulcafeteria, es ist etwas befremdlich hier, die weißhauptigen Würdevoll-Alternden zu sehen, aber es war nichts anderes zu erwarten. Sie lässt den Blick schweifen, läuft mal an der Salattheke entlang, ein paar Häufchen Stäbchen-Gurken, Tomaten, Paprikamischung (»Oma braucht ihre Vitamine«), insgesamt nichts Überraschendes. Als sie Gloria nicht findet, gibt sie auf. (1-2 cont. (2))

(2-1-1) Der Rockstar selbst hat, uninteressanter Weise, das Biopic nicht nur nicht abgesegnet, sondern sich öffentlich dagegen ausgesprochen. Dabei kommt er ganz gut weg! Wie es trotzdem gezeigt werden kann, überschreitet Leas juristische Kenntnisse, sie nimmt sich vor, eine Kommilitonin aus dem Medienrecht zu fragen, vergisst es aber gegen Mitte des Films. Einige gut choreografierte Konzertaufnahmen bringen sie auf die Idee, selbst mal wieder auf ein Konzert zu gehen oder sich wenigstens mal mit dem Plattenspieler zu beschäftigen, der in der Ecke ihres Zimmers unter den an Schnüren befestigten Bierdeckeln steht und nur darauf wartet, benutzt zu werden. (2-1-1 cont.)

(2-2 cont.) »Was steht denn bei euch an, demnächst?« »Wir spielen bald einen kleinen Auftritt in der ›Gisa‹« (die »Gisa« ist ein Hausprojekt, dass sich mit Getränkeverkäufen und kleinen Kulturveranstaltungen über Wasser hält. Seit das »Domizil« geschlossen hat, ist es im Prinzip das angesagteste Projekt der Stadt. Obwohl der

Nihilismus der letzten Tage des »Domizils«, bevor es zerstört, verkauft und renoviert wurde, auch auf die »Gisa« abgefärbt hat. Der Herbst hätte die Couchverbrennungen im »Domizil« zweifellos viel trauriger gemacht, es ist aber noch Sommer gewesen. Ein reicher Investor verkleidet als normaler Mensch hatte sich sogar dazu gesellt. Man spekulierte, dass genau er es war, der das »Domizil« letztendlich kaufte und renovieren ließ, die schöne Kultur ersticken ließ. Wahrscheinlich ist das nicht wahr. Einfach nur ein Mann Ende 20, der keine Zeit verloren hat. Und warum sollte er!). Jonas hat wirklich ausgesprochen schöne blonde Locken, er war sicher ein Astrid-Lindgren-Kind. »Ach cool. Wenn ich da nicht arbeiten muss, komm ich gern vorbei.« Sie umarmen sich und laufen jeder zu sich nach Hause. Lea musste dabei ein bisschen auf die Zehnspitzen gehen. In ihrer Küche setzt sich Lea erst mal an den Tisch und dreht eine Zigarette. Die dicken, satten Holzplatten und kunstvollen Gewürzbehälter beruhigen sie.

(2-2-1) – Lea setzt sich an ihr Essay.

(2-2-2) – Sie raucht die Zigarette auf dem Balkon, schaut sich den Sonnenuntergang an und hat ein paar experimentelle Gedanken.

(2-2-3) – Sie macht sich erst mal einen grünen Tee.

(2-2-2) Ist es nicht interessant, dass der Umbruch bei Gloria auf ein mal passierte? Von einem Tag auf den anderen. Grad war sie eine Provinzdame und schon eine Großstadtfrau. Sie hätte bis zum Ende ihrer Tage unverändert bleiben können. Man darf die Freiheit des Menschen nicht unterschätzen. Wo sie wohl gerade ist? Wahrscheinlich in dem Altersheim. Lea hätte doch reingehen sollen, denkt sie, während sie den Rauch und den Sonnenuntergang betrachtet. Wie romantisch, vielleicht sieht sie gerade das gleiche. Gloria./

(2-1-3) Der Film über Härte gefällt Lea erstaunlich gut, der Saal ist halb voll, der Film flimmert so, sie hat eine Limonade statt einem Weißwein oder einem Bier, es geht um irgendwelche Entsagungen und Entbehrungen, auch sie selbst hat Entsagungen, denkt sie ironisch. Es gibt eigentlich keinen Grund, ironisch zu sein./

(2-2-3) Das Wasser kocht und sie betrachtet die Fotos, die seit ein paar Monaten in der Küche hängen. (2-2-3 cont.)

(1-2 cont. (2)) Langsam läuft sie zurück ins Foyer. Hier entscheidet sie sich, noch mal im Esszimmer nachzuschauen. Obwohl es ihr doch eigentlich ganz gut passt, Gloria nicht angetroffen zu haben. Hier wie zu erwarten, Alte, Greise. Ein kurzer Rundgang pro forma und schon will sie raus. EINE FRAU MIT LANGEM ROTEN MANTEL?! Nein, das ist sie nicht. Schade, denkt sich Lea und verlässt das Gebäude. (1-2 cont. (3))

(2-1-4) Ganz hinten im Dunklen, wobei vorne die spanische Hitze flackert, die sanfte Geschwindigkeit der Schnitte, warme Farben, die Orangenlimonade in Leas Hand, hier in Deutschland ist es doch auch ganz (diesen Gedanken sofort entfernen), sie geht etwas hoch und sieht in der ersten Reihe den Hinterkopf einer älteren Dame. Na, wollen sie nachschauen?

(2-1-4-1) – Auf gar keinen Fall.

(2-1-4-2) – Na, aber sicher doch.

(2-2-3 cont.) Der grüne Tee leert sich in Rekordgeschwindigkeit, ohne dass Lea sich erinnern kann, auch nur einen Schluck genommen zu haben. Jetzt wird es wirklich Zeit, sich an das Essay zu setzen. Ihr Handy vibriert. »Sorry, weißt du …« Es folgt ein belangloses Gespräch mit Jonas, dieser Typ aber auch! Denkt wohl, er kann sich alles erlauben. Im Übrigen waren die Kinder von Bullerbü eine inzestuöse Vereinigung sondergleichen, ein Freund von Leas Mitbewohner hat mal ziemlich überzeugend die Verwandtschaftsverhältnisse innerhalb der drei Familien klar gemacht, war er Komparatist?

(2-2-3-1) - Nein.

(2-2-3-2) – Was ist ein Komparatist?

(2-2-3-3) – Ja.

(2-1-1 cont.) Nach dem Rockstarfilm ist Lea nach Rennen zumute, sie joggt in der Dämmerung nach Hause, begegnet niemandem, rennt noch eine Runde um das Haus, sie meint sogar, Zikaden zu hören, aber es ist wahrscheinlich nur der Wind, die kleine Stadt blinzelt träge, alle Studis sind in ihren Bettchen oder Peppen gemütlich mit ihren Mitbewohnern in der Küche, irgendwann kommt Lea erschöpft, aber leichtherzig nach Hause (2-2-1)

(2-2-3-3) Was auch sonst. (2-2-1)

(2-2-3-2) Vertreter der Komparatistik (Wissenschaft von den Gemeinsamkeiten und Unterschieden der Literaturen verschiedener Kulturen in grenzüberschreitender Perspektive). (2-2-1)

(2-2-1) Das Essay hat noch Zeit. Erst mal eine Platte auflegen.

(2-2-1-1) – Weezer – *Make Believe.*

(2-2-1-2) – Eine Disco-House Platte vom Flohmarkt.

(2-2-1-3) – Isolation Berlin – *Vergifte Dich.*

(2-1-4-2) Lea steht auf und läuft seitwärts in den Gang. Sie nähert sich vorsichtig dem Hinterkopf der alten Dame, hofft und fürchtet, ruft das Bild von Gloria ins Bewusstsein, sie wiederzuerkennen, sie nicht wiederzuerkennen, Gesprächsanfänge, Fragen, von sich erzählen, Film, Spanien, Häuser, Räume, Ferien, Sommer, alte Zeiten, Vergangenheit, Tabu-Themen, Altersheim, wie ist das Leben OMCHEN, WIE GEHT ES – sie ist es. Kein Zweifel. Kalte, dünne Lippen von Oma Gloria und zwei gekniffene Augen mit großen Pupillen, langsames Wiedererkennen. »Lea, ach, ist ja auch mal schön.« »Gloria, was machst du hier?« Ihre Hand ist immer noch auf der Schulter des langen roten Mantels (der im Übrigen braun ist). »Was ist denn aus Oma geworden?« »Ja, ja, Oma.« »Ich mach doch nur Spaß. Komm.« Lea wird zielgerichtet aus dem Saal geführt. Im Außenbereich der Kinobar Frühlingsabend, noch etwas wärmlich, der Verkehr trocknet langsam aus, am Tischchen auf dem Bürgersteig zwei Frauen UNTERSCHIEDLICHER GENERATION, eine mit braunem Mantel, beide rauchen, eine mit schwarzer Windjacke, Rucksack, sie teilen etwas, und wie es im Altersheim war. »So was von laaangweilig, Gott, was für eine Ödnis und die Alten erst, fürcht-er-lich«, und selbst, ja, ja, Städtebau, Grüne Zentren, Regeneration, »Na, du hattest ja schon immer so einen Fimmel für Häuser oder war das deine Cousine?« »Nein, ich war das und es geht eher um Planung von –« »Ja, ja, ja, willst du noch etwas trinken, geht auf mich.« »Danke, aber ich habe einen Job, ich kann ganz gut –« »Still! Ich bezahle, was willst du und mit den Jungs?« »Ach, Oma, weißt du –« »Na, wie läufts denn mit dem, wie hieß der noch, Achim?« »Gott, wir waren doch gerade in der, keine Ahnung, was der macht, ich glaube, er ist bei der Bundeswehr.« »Na, das ist aber was.« Irgendwann schweigen sie. (2-1-4-2 cont.)

(2-2-3-1) Guter Mann. (2-2-1)

(2-2-1-1) Wirklich? (2-2-1-1 cont.)

(2-1-5) Eine Weile lang sitzt Lea mit einem Bier, die Vorstellungen enden nacheinander, aber sie findet keinen Impuls, nach Hause zu gehen, man strömt an ihr vorbei raus und irgendwann geht auch sie, leicht wankend, mit drei Bier intus. Findet aber den Weg ganz glimpflich und geht sofort schlafen. Vor dem Einschlafen denkt sie an ihr Essay, die verdammten grünen Zentren, scheiß doch drauf, wie viele Parks in der verfickten Innenstadt sind, das ist doch wirklich das Letzte, woran man/

(2-1-4-2 cont.) Dann zieht Lea es in Betracht, Gloria etwas Gewichtiges zu fragen. »Was bereust du, wenn du …« oder, Gott behüte, »Wenn du an meiner Stelle wärst …«. Aber entscheidet sich dagegen. Irgendwann muss sie heimgehen und Gloria ins Altersheim. Das schwebt über allem, aber fällt kaum noch auf. Müssen heißt eben müssen. Da gibt es keine Abkürzungen. Gloria trinkt ihr zweites Glas Weißwein aus und zieht es in

Betracht, noch ein drittes zu bestellen. Sie erzählte irgendwas von einem neuen Grafiker, den sie neuerdings, verliert aber den Faden. Die Besucher des Kinos strömen zurück in den Schoß des Städtchens und die Sonne ist nicht mehr zu sehen. Die Band hat aufgehört zu proben. Bei der Verabschiedung wünscht Gloria eine sichere und schöne Woche. Was für eine Zeit, lallt sie ihr einen leichten Kuss auf die Wange. »Steh auf und lebe! Zumindest würde ich das an deiner Stelle machen.« Lea nickt und geht nach Hause./

(2-2-1-1 cont.) An amerikanische Colleges denkend, schläft Lea ein./

(2-2-1-3 cont.) An Sysiphos (die mythologische Figur) denkend, dringt Lea in den Schlaf./

(2-1-2) Der langsame, geheimnisvolle Film über den Fetisch der Protagonistin reißt Lea nicht mit. Sie ist zur Hälfte enttäuscht über ihre fehlende Affinität für die erotische Fantasie und zur anderen Hälfte enttäuscht über die Kälte, mit der das Thema im Film behandelt wird. Etwas betrübt läuft sie nach Hause und denkt ausschließlich an ihr nicht geschriebenes Essay, während die kategorisch und völlig problemlos in den Schlaf fällt./

(1-2 cont. (3)) Der Weg nach Hause ist lang und ermüdend. Lea schaut nur auf den Boden, bis sie da ist, zu Hause, demotiviert durch die Niederlage des Tages, setzt sie sich kurz an das Essay, entscheidet sich aber dann doch, schlafen zu gehen. Allerdings hat sie Probleme mit dem Einschlafen und als sie es dann schafft, träumt sie von großen weißen Blöcken und irgendwelchen blauen Bändern./

(2-1-4-1) Lea läuft seitwärts in den Gang und verlässt schnell den Saal. Dann das Kino. Bald ist sie zu Hause. Warum?/

(2-2-1-2) Ruhig und weltlich schläft Lea ein, sie denkt an ihre Freunde und an alle, die sie kennt./

Plumb

Als alteingesessener Graffitikünstler (sozusagen Sprüher des alten Eisens) ist das Kennenlernen von Mädchen über Tinder eine delikate, aber nicht im besonderen Maße komplizierte Angelegenheit. Es verlangt im Allgemeinen zwei diametral gegensätzliche Dinge, nämlich zum einen Direktheit und zum anderen Subtilität.

Die meisten Chats verlaufen auf folgende Weise: Hey – Hi – Liebst du die Gefahr … Und von da an ist es ein Selbstläufer.

Allerdings gab es da ein Mädchen, meine alten bleiverstopften Windungen erinnern sich, als wäre es gestern gewesen, die die alte Masche durchschaute. Etwas roch sauer an der ganzen Sache und doch so gottverdammt süß.

Hey – Hi – Liebst du die Gefahr – Spar dir die Mühe Cowboy, ich kenne dich. Komm gegen zehn zum alten Kanal. Das Mädchen hatte es faustdick hinter den Ohren, so viel stand fest. Ich machte mich also auf den Weg, die zertretenen Adidas-Flachschuhe an den zerlaufenen Füßen und einige Sprühflaschen hinten im Jutebeutel, nur für den Fall, dass sich eine Möglichkeit ergeben würde. Als ich den alten Kanal erreichte, war es Viertel vor zehn. Ich wurde langsam nervös, aber da kam sie auch schon. Und was für eine Frau sie war: groß, pechschwarze Haare und ein Septum direkt zwischen den beiden Nasenlöchern.

Sie stellte sich vor und wir gingen den alten Kanal entlang, mein Atem war flach und ich drehte mir erst einmal eine selbstgedrehte Zigarette und bot auch ihr eine an, aber sie lehnte wortlos ab und beschleunigte ihren Gang. Ich spürte, dass es sich um eine verflixt haarige Angelegenheit handeln könnte, aber als Graffitikünstler der ersten Generation lernt man, mit solchen Dingen umzugehen. Gerade am Ende meiner selbstgedrehten Zigarette angekommen, bogen wir ab und gingen weg vom alten Kanal, in Richtung des Hafens. Dort an den Docks konnte man alles kaufen, Kokain und auch sonst einiges. Jedoch konnte es auch schnell mal passieren, dass der körpereigene Prozentsatz an schweren Metallen anstieg, wenn ihr versteht, was ich meine.

Kaum sahen wir von Weitem die riesigen gestapelten Container, drehte sich die Frau mit den schwarzen Haaren zu mir um und küsste mich leidenschaftlich auf den Mund. Nun, was soll ich sagen. Als der Kuss vorbeiging, wischte sie sich die Lippen mit ihrem Ärmel ab, drehte sich um und ging weiter, als wäre nichts gewesen. So ist es also, dachte ich.

Im Gebüsch kurz vor der Hafengrenze blieben wir stehen. Sie steckte sich vier Finger in den Mund und es folgte ein langer, ohrenbetäubender Pfiff. Einen Augenblick lang passierte nichts. Dann plötzlich raschelten die Blätter und aus allen Ecken drangen respektierte und anerkannte Graffitikünstler mittleren Alters. Einige Gesichter erkannte ich wieder, aber traute mich nicht, sie zu grüßen, keiner sagte ein Wort.

Die Frau griff ins Gebüsch und nahm einen Rucksack heraus. Die sich darin befindlichen Blätter verteilte sie an die still sich die Beine vertretenden Graffitimaler. Auf dem Blatt, das sie mir zusteckte, stand in Großbuchstaben »Patrick hat einen kleinen Schwanz«. Kurz darauf bemerkte ich, dass die anderen Blätter mit genau derselben Aufschrift versehen waren. Kurz blitzte in mir der Gedanke auf, dass ein Blatt wohl gereicht hätte, aber lange Zeit zum Überlegen hatte ich nicht. Sie pfiff erneut und wir strömten aus. Nach so vielen Jahren im Geschäft, noch dazu in einem so anspruchsvollen wie unserem, lernt man schnell, die Dinge so zu nehmen, wie sie sind, und das Beste daraus zu machen.

Kurz gesagt: Wir bemalten den ganzen Hafen mit der Aufschrift »Patrick hat einen kleinen Schwanz«. Es ging leicht von der Hand.

Gegen zwölf waren wir fertig und verließen geräuschlos das Gelände. Als ich wieder zu Hause angekommen war, stand die Uhr auf halb eins und meine Lippen waren rau von der salzigen Meeresluft.

Die Frau mit den schwarzen Haaren habe ich seitdem nicht mehr gesehen, aber so ist es eben in der Graffitiszene. Die meisten trifft man nur einmal und was bleibt, ist die Erinnerung.

Omega Male

Leute – ich bin ein selbsternannter Omega-Male! Was bedeutet das nun=? Ich schlage mich . nicht und ich provoziere keine Konflike! Nine, ich lasse die Welt »auf mich zukommen«. Sehe ich etwas bin ihc erstmal so: hm.

Wenn ihr etwas wollt nun, das ist mir egal, oder auch sehr egal. Ich bin prinzipiell immer gleichermaßen beschäftigt und nicht beschäftigt, ich bin ein stozles FÄHNCHEN IM WIND. alpha males – jaja sie wollen dominieren etc. beta males- wir kennen sie auch alle. Nun sehen sie hier etwas was sie noch nie sahen einen OMEGA MALE. Das bin ich. Das bedeutet ich will nicht gewinnen (ich hab schon gewonnen=) Witz! Ich möchte ledigleicht etwas tun aber nicht zu ernst, erstmal abwarten, Tee trinken etc. Ich treffe keine Entscheidungen, ich treffe keine Freunde, ich schlage mich nicht wenn dann nur »so« ich habe keine kaum oder so Liebesbeziehungen, ich bni einfach nur ein ruhiger Omega MALE. So, da habt ihrs

Echte Menschen

Im Herbst 2004 arbeitete ich als Animator an den Dschungel- und Meersequenzen des im Herbst 2005 erschienenen Films *Madagascar* mit. Ursprünglich sollte ich auch einige der Lemurenszenen animieren, aber im Prozess stellte sich heraus, dass mir die bewusstseinslose Natur, mit komplizierten Mustern zwar, aber ohne »absichtliche Bewegungen« im eigentlichen Sinne, sehr viel besser gelang. »Deine Lemuren sehen aus, als wären sie tote Zombies«, sagte mein Kollege Ralf, »nichts für Ungut, aber die bewegen sich einfach statisch.« Ralf trug immer einen Schal und hatte einen nicht sehr dichten Bart, den er sich aber trotzdem sehr selbstbewusst stehen ließ. Er achtete nie besonders auf das, was er sagte, und die anderen taten es auch nicht, aber irgendwie wurde ich dann doch in die »Background-Abteilung« versetzt und zeichnete die nächsten vier Monate Wellen, Bäume, Lianen und andere Teile der Kulisse, vor der sich das Tierabenteuer abspielte. Meine Frau Leah und ich lebten getrennt und passten in zweiwöchentlichem Abstand auf unsere gemeinsame Tochter auf, die gerade in die elfte Klasse gekommen war. Ihr Name war Sarah. Sie hatte sich etwa zeitgleich mit meiner Einstellung bei Dreamworks ihren Schädel bis auf fünf Millimeter rasiert und trug einen Ohrring am oberen Ende ihres rechten Ohrs. An ihrem Charakter hatte sich allerdings so gut wie gar nichts geändert. Sie war immer noch ein stilles Mädchen, schrieb gute Noten und ging dreimal die Woche zum Tennis, nur mit

80 Gramm weniger Haaren. Anfangs waren wir besorgt, aber nach einigen »Familiengesprächen«, in denen uns versichert wurde, dass es weder mit Jungs noch mit einer Sekte etwas zu tun hatte, beruhigten wir uns und machten sogar gelegentlich Witze darüber, wenn wir uns freitags zu einer Familienlasagne trafen, einer Tradition, die Gott sei Dank mit der Trennung nicht verloren gegangen war. Offen gesagt, war ich sogar ein wenig stolz auf Sarah, für ihren Mut, ich hätte mich in ihrem Alter unter keinen Umständen getraut, etwas so radikales mit meinen Haaren zu machen, nur um »nicht eitel zu wirken«, wie sie es ausgedrückt hatte.

Es muss ein Donnerstag gewesen sein, an dem ich ins Büro kam, ich erinnere mich daran, meinen Wochenendplan durchgegangen zu sein. In Gedanken vertieft, betrat ich den gemeinschaftlichen Animatorenraum und setzte mich vor den Rechner. Der Raum war menschenleer, überall standen Tassen mit »witzigen« Motiven drauf, es lagen Kabel herum und natürlich große, matte Bildschirme. Etwa 15 Minuten starrte ich auf die helle Oberfläche, vertrieb mir vor der Arbeit die Zeit, als ich an der Schulter angetippt wurde. Ich drehte mich um, es war John. »Hey, Albert.« »Morgen.« »Komm kurz mit in die Küche.« »Ich wollte eigentlich gerade anfangen.« »Ja, ja, das wird nicht lange dauern. Komm kurz mit, ich muss mit dir was besprechen, dann kannst du wieder zurück.« John war ein hochgewachsener blonder Kerl mit einer beruhigend tiefen Stimme und einer rechteckigen Brille. Wir hatten uns einige Male unterhalten (über Age of Empires, wenn ich mich nicht irre), aber im Grunde hatten wir wenig miteinander zu tun, da er die Lippensynchronisation machte und sich sein Büro eine Etage höher befand. Wir gingen in die Küche. Dort sah es ganz ähnlich aus, nur waren die Bildschirme ausgetauscht durch Küchengeräte. Ansonsten standen dieselben Tassen auf dem Tisch und noch einige Flaschen Mineralwasser im Kühlschrank. Sarah hatte diesen Raum kalt genannt, als sie mich einmal auf Arbeit besuchte, und ich musste ihr zustimmen.

»Also, pass auf. Ralf kommt heute später, weil er noch einen Termin hat. Was hältst du davon, wenn wir die Texturen an seinem Computer ändern? Wir ersetzen das Grün der Wiesen und das Braun der Rinde durch irgendwas anderes und wenn er heute Abend bei der Zwischenpräsentation alles auf einmal colored, dann.« »Wozu?« »Er hat mich gestern angepampt, weil ich sein Brötchen gegessen hab. Es lag da schon seit Montag, keine Ahnung, wem das gehört hat. Und er fährt mich an, als hätte ich seine Mutter umgebracht.« »Aber sonst ist er doch nicht so, oder? Sonst ist er ganz anständig.« »Ja. Ich weiß auch nicht, was da mit ihm los war. Jedenfalls werde ich ihm einen kleinen Streich spielen. So haben wir das früher immer gemacht.« »Früher?« »Ja. Früher spielten wir uns ständig Streiche, versteckten unser Essen, machten was an den Computern. Jetzt sind alle so ernst geworden. Ich möchte mal sehen, wie er schaut, wenn er sieht, dass statt seiner schönen Rindentexturen ein Wald voller Schwänze auf seinem Bildschirm ist. Oder vielleicht was anderes. Ich habe es mir noch nicht überlegt. Dafür hab ich dich geholt.« »Hm.« »Weil du ja so gut mit den Backgrounds bist. Man kennt dich sogar bei uns oben. Wir haben uns letztens die Steine von dir reingezogen. Wahnsinn.« »Wow. Danke, echt.«

Leah und ich hatten uns getrennt, als Sarah in die sechste Klasse kam. Ursprünglich hatten wir vor, bis zu ihrem Auszug zu warten, aber nach langer Beratung und Konsultation entschieden wir, dass ein unglücklicher Haushalt schädlicher für ein Kind sein würde als ein geteilter. So unterschrieben wir rasch und problemlos die Papiere, stritten nur über einige Kleinigkeiten und gingen nach einem Händedruck unserer Wege. Wie war das möglich? Nun. Wir hatten schon immer Respekt füreinander, wir haben uns gegenseitig geschätzt und waren am Wohlergehen des jeweils anderen interessiert. Das hatte sich auch nach der Scheidung nicht geändert. Wieso hatten wir uns dann überhaupt getrennt? Das ist so leicht nicht zu sagen. So viel hatte sich nicht geändert. Mir fiel nur auf, dass ich mich nicht freute, sie zu sehen. Das ist banal, vielleicht. Aber so war es. Ich war gern mit ihr verheiratet, ich dachte gern an sie, ich schrieb ihr Briefe und sagte zärtliche Dinge, wenn wir miteinander intim waren. Ich malte mir gerne aus, wohin wir in den Urlaub fahren würden oder was wir am Wochenende tun würden, aber wirklich gerne sah ich sie nicht. Wenn ich von der Arbeit kam und sie am Computer sitzen sah, musste ich einen Seufzer unterdrücken. Ihr ging es im Allgemeinen ähnlich. Das hatte etwa zwölf Jahre nach der Hochzeit begonnen, etwa anderthalb Dekade, nachdem wir zusammengezogen waren, und ging nicht mehr weg. Irgendwann sahen wir dem Problem ins Auge und akzeptierten, nach einigem Widerstand, das Unausweichliche. Danach lief alles auf eine triste Weise glatt.

»Ich weiß nicht, woran hast du denn noch gedacht? Außer Penisse?« »Ich dachte, vielleicht ein Bild von ihm selber. Weißt du? So ein Foto von seiner Familienfeier, aber nicht einfach nebeneinander, sondern verformt und dass es ineinander fließt. Verstehst du, was ich meine?« »Ja, so in etwa.« »Aber die Datei soll von außen ganz normal aussehen. Grün oder Braun. Und dann drückt er auf Füllen und zack: Seine Augen glubschen ihn von allen Seiten an. Das wär doch was.« »Ja. Hm. Also, das könnte ich ausprobieren. Ich meine, es ist sicher auch mal ganz witzig, aus Gesichtern einen Hintergrund zu machen. Und es ist ja auch ein harmloser Streich, er kann ja dann wieder die normalen Texturen nehmen.« »Das sage ich ja! Er wird sich kurz erschrecken, dann wird er lachen, die richtigen Dateien auswählen und weiterarbeiten.« »Hm. Na gut, ich bin einverstanden. Ich fange gleich an und gebe es dir dann heute Abend. Ich brauche nur ein Foto.« »Ja, kein Problem. Ich habe hier sicher eins.« John kramte eine silberne Digitalkamera aus seiner Tasche und fing an, seine Fotos zu durchsuchen. Es waren größtenteils Fotos von seinem Hund und erstaunlich viele Bilder des Rasens. Bald kam auch das erste Bild von Ralf. Er stand im Büro an eine Wand gelehnt und schaute links an der Kamera vorbei. Auf seinem Kopf war eine Baseballkappe mit der Aufschrift »No. 1« und auf sein Gesicht fiel ein Schatten. »Nein, das ist zu dunkel. Hast du ein anderes?« Er klickte weiter. Irgendwann kamen wir zum folgenden Bild: Ralf, auf einem Jetski, in einem (vermutlich seinem) Wohnzimmer, hinter ihm auf dem Jetski eine lachende, dickliche Frau mit dunkelbraunen Locken und unter dem Jetski ein roter Teppich mit Muster. Sein Gesichtsausdruck war eine Mischung aus gespieltem Stolz und unterdrücktem Lachen, perfekt zu sehen. »Genau, das nehmen wir.« Wir waren uns schnell einig. Er schloss die Kamera an meinen Computer an und ich begann zu arbeiten.

Mit Sarah lief es nicht ganz so glatt. Sie weinte viel. Schloss sich in ihrem Zimmer ein oder verzichtete aufs Essen, das hatte sie im Fernsehen gesehen, meistens nur für einen Vormittag, aber dennoch. Sie versuchte es abwechselnd mit Bestechungen, Argumenten, Flennen und Erpressungen. Wir spielten teils mit, teils versuchten wir ihr zu erklären, wieso wir diese Entscheidung so getroffen hatten. Es war nicht einfach. Wir konnten ihr nicht erklären, warum wir nicht mehr zusammen leben wollten, woran unsere Ehe gescheitert war und was jetzt passieren würde. Irgendwann fand sie sich jedenfalls damit ab und pendelte alle zwei Wochen zwischen Leahs Wohnung und meiner. Viele Dinge taten wir immer noch zusammen und irgendwie konnte sich jeder mit der Situation arrangieren. Manchmal sah ich sie gedankenverloren auf den Boden starren oder einen kleinen Stein gegen die Zimmerwand werfen, aber wir nahmen an, dass das für ihr Alter normal sei. Wir hatten sogar zwei Sitzungen beim Familienpsychologen, aber die Frau versicherte uns, dass das nicht nötig sei.

Es wurde spät. Ich hatte den ganzen Tag mit Ralfs Gesicht verbracht. Ich streckte und dehnte es, morphte es, damit es an die Formen angepasst war, ließ es ineinanderfließen und aus sich herauswachsen. Je länger ich daran arbeitete, desto besser gefiel mir das Ergebnis. So einen Film müsste man animieren, dachte ich, mit einer Kulisse aus Gesicht. Und ganz ohne Figuren. Der ganze Film wäre nur der Hintergrund aus Mündern und Ohren, wie sie sich drehen und miteinander reden. »Hey, das ist mein Ohr!« »Hände weg, du Grobian«. Ich musste schmunzeln. Plötzlich klingelte mein Telefon. Es war Leah, sie sagte, ich müsse heute Abend dringend auf Sarah aufpassen, da sie länger auf Arbeit bleiben müsse und Sarah anders nicht in die Wohnung komme. Ich akzeptierte ohne große Widerrede, Leah arbeitete in einem großen, quietschenden, unterbesetzten Krankenhaus und es kam nicht selten vor, dass sie länger arbeiten musste. Die Prioritäten hatten wir längst geklärt, es waren ja immerhin echte Menschen.

Kurz nachdem ich aufgelegt hatte, kam John ins Zimmer. Ich ließ ihn vor dem Rechner allein und ging runter, um Sarah abzuholen, die bald vor der Tür stehen sollte. Während ich wartete, dachte ich daran, wie ich an der Uni gelegentlich geraucht hatte, aber war dann froh, diese Angewohnheit losgeworden zu sein. Schließlich kam Sarah. Sie machte einen munteren Eindruck, vielleicht sogar fröhlich. »Na, wie geht's?«, sagte ich und strich ihr über den kurzgeschorenen Kopf. »Wie immer.« »In der Schule?« »Alles beim Alten. Ich muss nur bis morgen ein Referat in Geschichte machen. Kann ich bei dir im Büro schreiben?« »Natürlich. Worüber?« »Kalter Krieg.« »Ohh. Na, das ist natürlich.« »Ja. Ich weiß. Mein Thema ist die vergleichende Analyse der Sowjetpresse und unserer.« »Und wie findest du –« »Es ist ein Thema.« Wir gingen nach oben. John war gerade im Begriff, mein Büro zu verlassen. Er klopfte mir auf die Schulter und flüsterte »Kurz vor acht musst du ihn ablenken, dann mache ich alles bereit.« Es war eine alte Tradition bei uns im Büro, dass wir bei der Zwischen- und Endpräsentation alle Schritte einzeln auf Knopfdruck ablaufen ließen. Drück und ein grobes Relief taucht auf. Drück und es wird feiner. Drück, es färbt sich. Drück, da sind die Texturen. Wir scherzten, dass Gott die Welt wohl auch so erschaffen haben musste. Sarah setzte sich auf ihren Stuhl und begann zu lesen. Ich vertrieb mir die Zeit bis Viertel vor acht. Als es so weit war, ging ich in Ralphs Büro und bat ihn, mir am Computer bei der Feinarbeit zu helfen. »Na los, zeig her was du hast«, seufzte er und folgte mir in mein Büro. Dort drückten wir gemeinsam ein bisschen rum. Drei Minuten vor acht vibrierte sein Telefon. »Na gut, wir machen später weiter.« Er ging in sein Büro, um alle Daten zu überspielen, und wir setzten uns in den Versammlungssaal. Draußen war es dunkel. Alle fünf Animatoren saßen auf den bunten Sitzwürfeln und auf der Couch und schwiegen sich an. Nicht, dass es unangenehm gewesen wäre, wir hatten alle ein gutes, kollegiales Verhältnis zueinander, nur war es schon spät, wir wollten die Präsentation sehen und zu unseren Familien oder in unsere Wohnungen zurückkehren. Sogar John saß still da und schaute vor sich hin. Plötzlich wurde mir bewusst, was gleich geschehen würde. Er würde die Ergebnisse seines letzten Monats präsentieren und statt der üppigen Wiesen und moosbewachsenen Felsen, an denen er gearbeitet hatte, würden ihn hundert Paar seiner eigenen Augen anstarren. Er würde das Foto erkennen, von ihm und seiner Frau auf dem Jetski, das er uns allen stolz präsentiert hatte. Und dann fragte ich mich: Wieso zum Teufel hast du das gemacht? Warum quälst du diesen armen Mann, warum hilfst du John, den du im Grunde gar nicht kennst und der auch dich nicht kennt und auch nicht kennen will, sondern dich nur um Hilfe gefragt hat, weil ihm deine Steine so gut gefallen. Wahrscheinlich hat er das nur so gesagt. Was soll überhaupt daran witzig sein? Ist das nicht eher gruselig. Kann man dafür seinen Job verlieren? Vermutlich nicht, es ist ja nichts passiert, alle ursprünglichen Texturen sind noch da. Aber was werden die anderen davon halten? War es früher wirklich üblich, solche Späße zu machen? Und wenn ja, was hat sich geändert?

Sarah saß teilnahmslos im Schneidersitz auf dem Sofa und blätterte in ihrem Buch.

Ralf betrat den Raum. Er grüßte kurz und fing an, alles einzustellen. Ich war nervös. John drehte sich zu mir um und zwinkerte mir zu. Ich lächelte verkrampft. Als Ralf fertig war, sagte er: »Das ist, wie gesagt, für die Dschungel-Jagdsequenz. Sie beginnt bei 46:10 und geht etwa zwei bis drei Minuten. Ich habe mich bei der Anfertigung an den früheren Außenmustern orientiert, aber habe es um ein paar Details ergänzt. Ihr werdet die neuen Schatten sehen und die veränderten Lianen. Über den Rest können wir dann noch mal reden. Na gut, legen wir los.« Er betätigte den Knopf. Auf dem Bildschirm tauchten Linien auf. Er drückte erneut, zwischen den Linien spannten sich Flächen. Drück, die Flächen färbten sich einfarbig grün. Ich biss mir auf die Zähne. Er drückte. Alles lief wie geplant. Der ganze Bildschirm füllte sich mit wabernden, fließenden, stumm lächelnden Gesichtern, besser gesagt mit einem Gesicht, seinem eigenen. Kurz war alles still. Dann drehte er sich um. »Wer war das?« Niemand sagte was. Keiner lachte. Alle schauten auf den Bildschirm. Sarah hatte ihr Buch auf das Sofa gelegt und kniff die Augen zusammen, um besser zu sehen. »Das bin ich. Das ist mein Gesicht«, sagte Ralf ungläubig zum Bildschirm gewandt. Wir standen auf und kamen näher. Mit einigen Knöpfen bewegten wir die Kamera durch Ralfs Gesichtswald. Ein Tag hatte natürlich nicht für alles gereicht, aber genau die Abwesenheit des Feinschliffs machte den Anblick so gruselig. »Woher habt ihr dieses Bild?« Eine ungeduldige Note kam durch. »Woher habt ihr dieses Bild, frage ich?!« Niemand sagte was. Mick, einer der anwesenden Animatoren, erhob die Stimme: »Schaut euch mal diese Details an. Wie die Münder gespiegelt sind und die Augen erst. Wahnsinn.« »Ich wars«, sagte plötzlich John. »Ich habs gemacht. Ich wollte dir einen Streich spielen, wegen neulich. Das Brötchen.« »Du Mistkerl«, lächelte Ralf. »Aber schaut euch nur die Konturen an«, fuhr Mick plötzlich fort, »die Farben!« »Beeindruckend ist es schon«, sagte Ralf. »Kommt, wir rufen Lewis an. Er ist wahrscheinlich noch oben. Los, ruft ihn jemand an?« Lewis war der vorsitzende Animator, der eigentlich nur die Pläne anfertigte und selten bei uns im Büro vorbeikam. Er wurde angerufen. Ich setzte mich zurück aufs Sofa. Irgendwie hatte es mir die Sprache verschlagen. Einerseits hatte ich nicht vorgehabt, den Streich zuzugeben. Andererseits ärgerte es mich, dass John es so selbstverständlich tat. Immerhin war es meine Arbeit. Aber es war zu spät, um etwas zu sagen. Jetzt hätte es albern gewirkt und vorhin im Grunde auch. Ich hätte es zuerst sagen sollen, aber wie konnte ich wissen ... Lewis betrat das Büro. Er schaute eine Sekunde lang auf den Bildschirm. Dann lachte er auf, kurz und trocken. »Das machen sie also in ihrer Arbeitszeit«, sagte er spöttisch zu John. Der zuckte mit den Schultern. »Saubere Arbeit, stellen sie bis morgen die Originale wieder her und das werde ich ganz oben vorzeigen. Vielleicht können wir daraus noch was machen. Und jetzt Feierabend. Wer kommt noch mit runter auf ein Bier?« Die Jungs verließen den Versammlungsraum und holten ihre Sachen. Ich verabschiedete mich und nahm Sarah mit nach unten. »Aber hast du das gesehen? Das war alles voller Gesichter. Verrückt. Wie sie geschaut haben«, sagte sie immer noch begeistert. »Mach bitte das Fenster zu«, sagte ich, als wir schon im Auto saßen. »Sonst erkältest du dich.«

Das Dao das du nicht kennst

Ich halte nichts von buddhistischer Scheiße. Nein, das kann man mir nicht sagen. Ich verachte alle östliche Philosophie, jeden Koan oder wie die Scheiße heißt. Es gibt nichts was mich mehr aufregt, als beispielsweise folgender Satz: Das Dao das du kennst ist nicht das Dao. Was. Zur. Hölle. Es ist nicht erträglich für mich. Noch nie habe ich mir in meinem Tagesablauf Zeit genommen, um die ersten Tautropfen auf den Blättern einer sanften Lilie zu betrachten und mir da meine Gedanken zu machen. Ganz sicher bin ich kein Freund davon seine Ältesten zu Ehren, wie das im, wenn ich mich nicht irre, Konfuzianismus verlangt wird, noch weniger ertrage ich jeden Gedanken an Wiedergeburt und Karma. An so viel kann ich mich erinnern, es geht nicht darum möglichst viel positives Karma zu sammeln, sondern darum das Karma auf null zu bringen und ins Nirvana aufzusteigen, wie seinerzeit Siddharta. Nein, vielen Dank.

Östliche Architektur, Animation, Sprachen, meinetwegen. Sehr gerne. Aber das – nein. Schopenhauer, als ersten ernstzunehmenden europäischen Buddhisten, kann ich aktiv nicht leiden. Ich erinnere mich: Er betet eine Frau an – sie will nichts von ihm   ewiger Kreislauf des Leidens. Alles klar. Ist in Ordnung.

Wer kann sich noch erinnern? Emil Cioran lesende Arschlöcher am Kanal, tiefe, weit blickende Augen, vielsagende Notizbücher. Wenn man sich umbringt ist es immer schon zu spät. Ach ist es? Ist es wirklich? Du Wichser. Du einfacher dummer Wichser.

Gerade bist du eine ganz normale Seele vor der Geburt, plötzlich bist du ein suizidaler Rumäne. Nein, Quatsch, ich glaube nicht an Seelen. Das war jetzt nur so gesagt.

Mein Hals tut, übrigens, obwohl es genau nichts zur Sache tut, genau an einem Punkt weh. Links hinten von meiner Seite aus, oder rechts hinten von der Seite eines Arztes, ist genau ein Punkt der weh tut. Jedes Mal beim Schlucken, natürlich muss ich trotzdem Schlucken. Da führt kein Weg dran vorbei. Und jedes Mal spüre ich diesen Punkt. Das geht ja meistens am nächsten Morgen weg. Also bis zum nächsten Morgen. Manchmal bleibt es und es tut noch den ganzen nächsten Tag weh und ich spüre es jedes Mal beim Schlucken. Es ist aber nur ein Punkt. Was ist das Problem? Okay, Halsschmerzen sind immer noch nicht schlimm. Warum nur ein Punkt? Das lässt sich erklären, es ist nur da gereizt. Ich würde mir aber, wenn es nach mir ginge, wünschen dass es auf der rechten Seite wäre. Das sage ich nicht einfach so. Ich empfände es richtiger und symmetrischer. Aber ich habe mir das nicht ausgesucht. Es tut weh. Es schmerzt.

Der Morgen wird noch lange auf sich warten lassen. Vor mir liegt eine Nacht. Das ist einerseits gut, weil es ein abgesteckter Zeitrahmen ist. Von hier bis hier, dann ist es vorbei. Das ist auf der einen Seite gut. Auf der anderen Seite, weiß jeder wie lang eine Nacht sein kann. Und wo man raus kommt weiß letztendlich auch keiner. Von hier bis hier ist es dunkel. Hier wird es dunkel, hier bleibt es dunkel. Irgendwann wird es wieder hell. Langsam. Das Dao das du kennst ist nicht das Dao. Jesus Christus wie kann etwas so völlig zurückgeblieben sein. Es ist doch nicht möglich dass ein einziger Satz so ein Schwachsinn ist. So viel Quatsch passt in diese paar Worte nicht rein. Hat Bruce Lee das gedacht? Ah ja das ist eine Straßenbahn. Das höre ich, das ist eine Straßenbahn. Eine der letzten wahrscheinlich. Bruce Lee. Bruce Lee: ich habe keine Angst vor dem, der tausend Schläge ein Mal übt, ich habe Angst vor dem, der einen Schlag tausend Mal übt. Tausend Mal. Ich glaube er meinte damit nicht Masturbation. Bruce Lee steht in einem Feld und schlägt mit ein und demselben Schlag Kühe um. Eine Kuh. Ein Schlag in die Rippen, ein Hall und die Kuh fällt zu Boden. Kühe können, wie alle wissen, danach nicht aufstehen. Jetzt ist die Straßenbahn weg und was hört man noch? Vögel? Nein, nichts davon.

Es ist aber auch nicht ganz still. Irgendwo im Haus läuft jemand eine Treppe runter. Naja, das ist nicht meine Aufgabe. Ganz eindeutig. Die Person wird raus gehen und dann ist sie weg, oder es ist ein Obdachloser der im Haus bleibt. Auch in diesem Fall ist es nicht meine Aufgabe. Ich bin anders positioniert. Nein, das soll der Wachmann bitte machen. Der Tschug. Man hat ihn mir vorgestellt als Tschug. Warum eigentlich Tschug? Weil, und ob das stimmt weiß ich nicht, er gerne so genannt werden will. Ich hatte noch keine Gelegenheit ihn anzusprechen, wir sehen uns nämlich, wenn überhaupt, nur am Anfang meiner Schicht, weil er geht, bevor ich fertig bin und wenn ich komme er irgendwo in seiner Runde ist. Seine Runde führt durch das ganze Gebäude und das Gebäude ist riesig.

Wirklich komplett gigantisch. Und nicht dass es besonders hoch wäre oder besonders tief oder besonders weit. Es ist natürlich ziemlich weitläufig, aber vor allem ist das Innere des Hauses mit einer unglaublichen Anzahl an Räumen gefüllt. Es gibt unglaublich viele Räume. Unendlich fast. Etwa so unendlich wie in dem Gedankenexperiment mit dem Hotel mit den unendlich vielen Zimmern. Es ist natürlich nicht wirklich unendlich, aber man kann immer noch einen Raum finden. Zum Beispiel gibt es quasi unter dem ganzen Gebäude einen durchgehenden Keller. Der ist nicht tief. Aber ich vermute er ist überall. Und dann etwa vier Stockwerke. Und davon etwa 5 normale Häuser zu einem Haus verschmolzen.

Das klingt jetzt so als müsste man Angst haben. Aber hat man nicht. Zumindest ich nicht. Aus folgendem Grund: ich sitze in einem kleinen abgeschlossenen Raum vor einem Fenster im Erdgeschoss. Das bedeutet alles ist abgeschlossen, niemand kommt rein und wenn jemand rein kommt, gehe ich aus dem Fenster raus. Wenn sie von beiden Seiten kommen, dann ist es organisierte Kriminalität. Dann hat Tschug eventuell seine Schulden nicht bezahlt. Dann sollen sie mich kriegen. Vor allem anderen habe ich keine Angst.

Vor dem Fenster ist der riesige Innenhof mit einem ganz kleinen Abhang und ein paar Bäumen. Dann sehe ich noch einen leeren Parkplatz, besser gesagt den Fleck ohne Gras wo zwei Autos drauf passen und die Laterne bei der Einfahrt. Das Dao was du kennst ist nicht das Dao. Im Umkehrschluss ist das Dao was du nicht kennst also das Dao. Oder? Das kann man eigentlich nicht so schließen. Es würde aber auch nicht wundern, wenn bei den verdammten östlichen, wandernden, Schnurrbart tragenden, fastenden, meditierenden Arschgesichtern es so und nicht so wäre. Zugleich. Ja, denn wen interessiert das! Das Nichts ist zugleich die Quelle und das Gegenteil des Ichs. Ah ja. Das hab ich mir ausgedacht. Aber das ist wie bei Sartre. Das Ich setzt sich in jedem Moment vom Nichts ab. So ungefähr und der Klassiker: Es, also das Ich, ist in jedem Moment zur Freiheit verdammt. Ja, ich kannte da einen Typen. Der war wirklich zur Freiheit verdammt. Jetzt hört man wirklich absolut gar nichts. Nichts. Gar nichts. Das Nichts ist ja gar nicht so negativ konnotiert in der indischen Philosophie. Ach ist es nicht? Schon mal nichts gehört in einem Haus aus fünf Häusern mit 4 Stockwerken plus Keller in das gleich die organisierte Kriminalität einmarschiert um Tschugs Waschmittelschulden einzutreiben? Kein Waschmittel der Welt ist mir meine Niere wert. Nicht so hastig, haben sie es mal mit Persil Power White probiert?

Mitunter ist man in diesem Haus sicherer als in einem Wohnhaus. Erstens ist weniger zu holen, zweitens sind mehr verschlossene Türen dazwischen, drittens schaut man direkt aus dem Fenster und viertens ist man wach. Ja und Schlafen ist keine Option. Schlafen. Ja, das wär was. Nein, aber dafür hat man ja seinen Rhythmus umgestellt. Nachtschichten. Aber zwischen zwei Schichten müssen elf Ruhestunden sein. Elf Ruhestunden. Und mindestens 15 Sonntage im Jahr frei. Da kann man ja in aller Ruhe zum Gottesdienst gehen, oder zum Kaffee und Kuchen. Mein Hals wieder. Dieser Punkt. Der geht ja von selbst weg. Geht er auch von selbst weg wenn man nicht schläft? Schlafen wäre wohl besser. 15 Sonntage im Jahr. Da kann man auch mal mit dem Boot raus fahren. Schwäne beobachten. Saure Gurken essen, zum Grillen. Ein paar Würste die jemand anderes mitbringt, um selbst kein schlechtes Gewissen zu haben. Sogar verdammte Vegetarier sind die. Vegetarismus. Ja, aber braucht man dafür das Dharma? Das Regelwerk. Kann man nicht auch einfach so arme Schweine in Ruhe lassen. Schweine. Ja, mit Sicherheit ist Schopenhauer und sonst jeder gegen Massentierhaltung. Massentiere. Massentiere. Sehen meine müden Augen einen Mader, dort, bei dem Gebüsch! Nein! Es handelte sich nur um nichts. Aha! Das Nichts!

Langsam könnte wieder mal eine Straßenbahn kommen. Oder die Laterne ausfallen. Langsam könnte das Haus einstürzen. Langsam könnte Tschug ins Zimmer kommen und sagen »Na du Versager, und dafür kriegst du noch Mindestlohn, dafür dass du vor einem Fenster sitzt und nichts machst? Können die sich keine Kamera leisten oder was?«. Tatsächlich war das mein erster Gedanke beim Lesen der Annonce. Der gesuchte Mitarbeiter passte perfekt zu einer Kamera. Still, zuverlässig, resistent gegen Müdigkeit. Einfach da sitzen und »den Innenhof, sowie die dazugehörige Einfahrt und die Hauseingänge beobachten und bei besonderen Vorkommnissen, die da wären, Einbruch, Menschenversammlung, Licht- oder Tonereignisse oder Vergleichbares genau die Zeit und die Art des Ereignisses protokollieren und eine Nummer wählen. Telefon wird gestellt.« Das Telefon wurde tatsächlich gestellt und lag an ein und derselben Stelle in der linken oberen Ecke des Tisches. Letztendlich hat mir die Frau bei der ich das »Bewerbungsgespräch« absolvierte gesagt, man müsse sowieso jemanden bezahlen der sich die Kameraaufnahme anschaut und dann kann er ja auch gleich dort sitzen. Das klang nicht wirklich sinnvoll, aber auf Anhieb fiel auch nichts ein was man einwenden könnte, noch dazu wenn das bedeutet hätte sich selbst wegzurationalisieren. Also wurde ich eingestellt und wartete ab dann an zwei bis vier Nächten in der Woche vor dem Fenster. Dieselbe Frau erzählte mir von Tschug und sagte mir, wir würden ohnehin nicht aufeinandertreffen. Er hätte andere Aufgaben. Und als ich aus Neugierde fragte welche, sagte sie: Obdachlose und so weiter.

Ja, das klingt nach einer sinnvollen Verteilung. Er macht die Obdachlosen und so weiter und ich mache hier draußen die Licht- und Tonereignisse. Alles ganz locker. Schuster bleib bei deinen Leisten. Sie sagen dir Licht- und Tonereignisse und du bist hier draußen, in aller Ruhe, trinkst deinen grünen Tee und hältst Ausschau. Wonach? Nach UFOs. Wahrscheinlich nach UFOs. Aber egal, egal. Grüner Tee. Ja, ich weiß woher grüner Tee kommt. Aber ich hab gesagt, alles andere stört mich nicht. Nur weil bei grünem Tee der ein oder andere Koan geschrieben wurde oder der ein oder andere Schüler gelernt hat eins mit dem Wasser zu sein, ist das ja wohl noch kein Grund. War da was? Nein. Das weiß ich auch ganz sicher dass da nichts war, ich tue nur so als hätte ich was gesehen. Ich merke wie meine untere Wirbelsäule sich krümmt. Dementsprechend muss meine obere Wirbelsäule auch krumm sein. Ich richte mich auf. Jetzt bin ich gerade. Natürlich die Augen. Vor allem das linke juckt höllisch. Ich kratze kurz, aber nicht zu viel, sonst wird es nur schlimmer. Jetzt tut es weh. Eine Linie im Nacken fühlt sich komisch an. Ich fahre drüber. Immer noch das Auge, aber schon weniger und der Punkt im Hals. Dann nehme ich die Thermoskanne vom Boden, schraube den Deckel ab, er fühlt sich dunkelblau an, weil ich weiß dass er dunkelblau ist, ich bin nicht synästhetisch und stelle ihn auf den Tisch. Leise, obwohl, wen will ich nicht aufwecken. Ich haue nochmal mit dem Deckel auf den Tisch. Dann fällt mir ein dass Tschug mich hören könnte und ich lasse den Deckel stehen. Dann gieße ich den Tee ein und weil es dunkel ist, ich könnte das Licht an machen, aber dann fangen die Augen an weh zu tun und etwas Licht kommt ja von der Laterne draußen und Angst habe ich ja sowieso nicht, gieße ich es nur bis zur Hälfte ein, oder etwas weniger. Ich stütze mich auf den Tisch mit beiden Händen. Langsam ist der Moment erreicht wo ich nicht mehr sitzen kann. Ich stehe auf und laufe im Raum hin und her, was natürlich sehr nervös macht. Mit jedem Schritt sage ich: das Dao das du nicht kennst ist das Dao das du kennst. Das Dao dasdunichtkennst ist das Dao dasdukennst. Das Dao dasdunichtkennst ist das Dao dasdukennst. Dabei laufe ich von links nach rechts durch den Raum, nur noch meinen Peripherblick aus dem Fenster gerichtet. Ich gehe davon aus Einbrüche, Menschenversammlungen oder die elendigen Licht- und Tonereignisse sehe ich auch so. Was haben sie getan als die Horde Barbaren das Gebäude gestürmt hat?! Ich habe tapfer geschlafen, Admiral. Nein, ich schlafe nicht. So leicht kriegst du mich nicht. Das Dao dasdu Dao dasdu Dao dasdu Dao dasdu Stopp. Moment. Okay gut Dao so weit so gut. Ich mache große Schritte. Der Schüüüler fraaagte Laaa-otze. Was iiiist denn miiit dem Tod. Da saaagte Meeeister Laaa-otse. Der Tod ist läääängst schon fort. Da saaag-te gleich der Schüüü-ler schnell so haaaben wir gewonn'? Da saaagte Meeeister Laaa-otse nicht ganz und starb.

Den letzten Schritt habe ich sehr schnell gemacht und stehe jetzt im Raum. Moment, ich muss mich hinsetzten. Was hab ich gerade gesagt. Der Schüler kommt zu Laotse und fragt wo ist der Tod. Der sagt der ist weg, dann sagt der Schüler haben wir gewonnen und Lao Tse sagt nicht ganz und stirbt. Okay, alles klar. Das macht überhaupt keinen Sinn. Das hab ich schon mal hingekriegt. Dann das Thromboserisiko durch einen kurzen Lauf gesenkt. Zwei aus zwei. Interessanter Weise habe ich nicht versucht etwas besonders sinnloses hinzukriegen. Es ist einfach gekommen. Na gut, wenn man hier alleine sitzt und sich grün und blau ärgert, darüber, dass die Dinge widersprüchlich sind und dann selbst etwas versucht zu machen. Aber ich habe nicht das Gefühl dass es so bewusst war. Es kam von irgendwo anders. Als würde die Struktur des Satzes so ein Ende zwingend machen. Ach so klar, wenn ein Satz mit Laotse und Schüler beginnt muss es so enden.

Das kann schon eher sein. Die Struktur bedingt das Ende. Das heißt, kann man sich auch was anderes vorstellen? Ein Schüler kommt zu Laotse und fragt, wie komme ich über den Fluss. Bau ne Brücke du Trottel, sagt Lao Tse und beißt von seiner Traubenrebe. Traubenrebe. Na gut, das ist metaphorisch. Aber fühlt sich nicht richtig an. Es muss ein Rätsel sein. Wozu ein Rätsel? Um die Geduld des Schülers zu testen. Um ihm zu zeigen, die Welt ist widersprüchlich. Draußen ist immer noch alles still.

Also nochmal der Schüler kommt zu Laotse. Das ist wie immer. Er fragt, wo ist der Tod. Warum fragt er das. Ist ihm aufgefallen dass der Tod weg ist? Ist schon längst keiner gestorben? Oder fragt er ins blaue hinein? Der Tod ist weg. Woher weiß Laotse das? Na gut, Laotse weiß eigentlich alles. Außer natürlich das Dao aber das ist trotzdem zum Vorteil. Laotse weiß dass der Tod weg ist. Moment. Ein kalter Schauer läuft durch. Was ist wenn Laotse selbst der Tod ist. Deswegen weiß er dass er weg ist. Weil er selbst der Tod ist. Und dann am Ende. Okay jetzt wird mir doch verdammt gruselig. Der Tod ist weg, er stirbt also geht, aber ihr habt noch nicht gewonnen. Warum? Weil man ohne Tod nicht kann. Das ist wiederum Standard. Moment, Lao Tse ist der Tod. Der Schüler kommt zum Tod. Sein Schüler. Ich habe das Licht angemacht. Das war doch ungemütlich.

Nachdem sich meine Augen gewöhnt haben und ich nochmal durchs Zimmer geschaut hab, setze ich mich wieder hin. Also, Lao Tse ist der Tod. Ich interpretiere gerade meine eigene ausgedachte Geschichte, geht mir durch den

Kopf. Na gut, andererseits bin ich auch kein Freund von Liegestützen. Lesen ist auf Arbeit auch verboten. Obwohl, wie sollten sie das rauskriegen? Am Ende verpass ich doch noch das Licht- und oder Tonereignis oder Tschug die alte Petze sagt Bescheid. Egal. Also. Wessen Schüler ist der Schüler? Der Schüler von Lao Tse oder einfach nur ein Schüler? Oder ist das das gleiche, weil alle Schüler quasi seine Schüler sind, beziehungsweise er einfach der Lehrer von allen ist. Er ist der Tod. Ein Schüler kommt in den Garten und sieht, da sitzt ein Typ mit Umhang und Sense. Ja, das ist wahrscheinlich mein Lehrer, denkt er sich. Der alte Lao Tse. Wer war eigentlich Lao Tse? Ein wandernder Gelehrter. Begründer des Daoismus. Du bist ein Mensch, wenn du essen willst iss, wenn du pissen willst piss. Du musst nichts besonderes aus dir machen. So in der Art. Dann natürlich unser Freund aus alten Tagen, das Dao. Das man nicht kennt. Wie war es richtig rum? Das Dao das du kennst ist nicht das Dao. Welches Dao kennt der Tod? Den Tod. Oder das Sterben. Welches Dao kennt er nicht? Das Leben. Oder was? Das fühlt sich an wie eine Sackgasse. Das Licht fängt an zu nerven. Ich stehe auf und mache es wieder aus. Also nochmal von vorne. Lao Tse ist der Tod. Er ist auch die Weisheit. Die Weisheit ist der Tod. Warum mache ich diese Scheiße? Naja. Zumindest ist mir beim Laufen kein Reim über Hume eingefallen. Das muss schon was heißen. Oder lässt sich das gesagte nicht reduzieren auf den Inhalt. Nochmal die Silben: Es kam ein Schüler zu Lao Tse und fragte ihn. Nein so war das nicht. Naja egal. Ich werde nicht nochmal laufen. Vergessen wir das. Vielleicht ist Lao Tse gar nicht der Tod und ich bin nur zum Erstbesten gesprungen. Wo ist der Tod? Vielleicht ist Lao Tse das Leben. Dann weiß das Leben der Tod ist weg und stirbt. Weil, es gibt kein Leben ohne Tod. Aber dann würde es ja nicht sterben, sondern eher verschwinden oder erst gar nicht da sein oder aufhören das Leben zu sein. Das bringt alles exakt nichts. Das Nichts! Lao Tse ist das Nichts. Okay das ist völliger Blödsinn. Langsam wird es schwierig. Wir sind nah an der Bergspitze Kapitän, welcher Kapitän eigentlich, na gut wir sind nah an der Bergspitze Freunde. Danach wird es nur noch leichter wach zu bleiben, aber jetzt wird es immer schwerer. Dafür habe ich mir den ganzen grünen Tee aufgehoben. Ich nehme wieder die Thermoskanne hoch, schraube den Deckel ab, stelle ihn hin und gieße bis es fast voll ist. Das erkennt man ja am Geräusch. Dann trinke ich. Es ist mit Zitronensaft und schmeckt gut, auch weil es nur noch lauwarm ist. Da sitzt also ganz China im Kirschgarten, nein das ist Japan. Ein antiker Chinese sitzt da im Garten, trinkt Tee. Er muss gebildet sein. Oder eine Frau. Nachdenken war ja wohl nicht verboten. Er oder sie sitzt also da, na sagen wir sie. Irgendwie eine schöne Vorstellung, wenn sie nichts macht. Gar nichts. Sie ist da und sitzt und denkt. Was würde sie, angenommen sie wäre im Unterschied zu mir in den Lehren des Daoismus unterrichtet, sagen wir im Selbststudium, zu dieser Geschichte sagen. Das kann ich natürlich nicht wissen. Blöd. Und was ist mit Lao Tse selbst?

Plötzlich höre ich ein Krachen. Ein lautes Gebüsch-knacken. Jeder Gedanke an Lao Tse und die Frau verschwindet sofort und ich springe auf. Okay, das gehört vorerst zur Kategorie Einbruch. Durch das Gebüsch am Rand der Einfahrt bricht eine Gestalt und hält sich das Gesicht mit den Ellenbogen zu. Geh doch durch die Einfahrt man, da ist frei, denke ich. Aber es muss ja einen Grund geben. Die Person schlägt sich durchs Gebüsch und ist nun im Innenhof. Sie schaut sich nach hinten um und läuft schwankend, als wäre nichts, ach so. Verstehe. Die Person schwankt und schaut sich um. Der hat sich verlaufen. Ja, eindeutig. Der hat sich so verlaufen und der hat sich noch zusätzlich im Gebüsch verlaufen. Obwohl etwas unklar wie er reingekommen ist. Wahrscheinlich reingefallen. Hier in der Nähe ist ja eine sogenannte Kneipe. Ich bleibe vorsichtshalber trotzdem stehen. Der Betrunkene schaut sich um, schaut nach oben zum Gebäude, vielleicht war er mal hier in der Volkshochschule oder sowas, schaut dann zur Einfahrt und torkelt in die Richtung. Plötzlich will ich nicht dass er geht. Warum? Wahrscheinlich weil ich lange allein war. Wer ist dieser Mann? Ist das Lao Tse der durch mein Gebüsch gekracht ist? Ich mache das Fenster auf und rufe »Hey ich bin der Wachmann suchst du was? Hast du dich verlaufen?« Ich versuche maximal freundlich zu klingen aber die Generationen von Wachleuten die mit der Frage »Hast du dich verlaufen?« meinten »Dreh dich schnell um und verpiss dich« machen es mir nicht leicht. Der Betrunkene dreht sich nicht mal um sondern torkelt einfach aus der Einfahrt raus. Ich sehe ihn nicht mehr.

Jetzt bleibt die Frage, trage ich das ein oder nicht. Einerseits ist etwas passiert andererseits ist es nicht gerade ein UFO. Wieder auf der anderen Seite, UFOs können ganz verschieden aussehen. Ich werde es also eintragen. 2:56 betrunkener Mann verirrt sich aufs Gelände. Verirrt sich. Ist das nicht wertend? Naja er hat sich ja offensichtlich verirrt. Nein hat er nicht. Er kommt nämlich wieder. Diesmal weniger torkelnd und zielgerichtet auf das Gebäude zu. Noch aus der Ferne höre ich »Schuldigung?« Ich mache das Fenster auf. »Ja was gibts.« Er kommt jetzt auf mich zu aber uns trennen noch zwanzig Meter. »Wo gehtsn hier zur Bahn« »Ja das kann ich ihnen gleich erklären. Bleiben sie da ruhig stehen. Ich erkläre es ihnen von hier« Okay das muss man doch im Griff haben. So könnte auch gut und gerne ein Überfall beginnen. Er bleibt stehen und schaut in meine Richtung. Ich schreie »Haben sie gewusst, dass die ganze Welt in der Teekanne von Lui Shu ist, die er auf dem Trödelmarkt verkauft?« Das muss der grüne Tee sein. Der wollte nur wissen wo es lang geht und ich fange von irgendwelchen Teekannen an. »Was?« schreit er. »Lui Shu verkauft seine Teekanne. Auf dem Trödelmarkt. Und unsre ganze Welt ist in dieser Teekanne« Jetzt schaut er mich nur noch an. Und ich würde mich auch anschauen, wenn ich könnte. Welche Teekanne, welcher Lui Shu? Wovon rede ich überhaupt? »Achso die Bahn ist hier raus aus der Einfahrt und immer nach Rechts. Da ist dann bald die Kreuzung und da sind die Haltestellen.« Er steht immer noch da. Ich kann sein Gesicht kaum sehen, es ist nur eine dunkle Figur. Was wenn Lao Tse nicht der Tod ist, sondern der Schüler ist der Tod? Oder der Tod verkleidet als Schüler und kommt zu Lao Tse. Der Tod verkleidet als Schüler kommt zu Lao Tse und fragt, wo ist der Tod. Lao Tse sagt weg. Der Schüler also der Tod triumphierend, haben wir jetzt gewonnen, um ein Ja zu hören und den alten dann unerwartet kalt zu machen. Lao Tse sagt nicht ganz, der Tod bringt ihn um. Vor Wut. Warum? Weil Lao Tse natürlich den Tod gesehen hat und erkannt hat, dass er nicht der Schüler ist. Sondern er hat es geahnt. Er ist nicht weggerannt, weil es sinnlos ist vor dem Tod wegzurennen, er hat nur das Letzte gemacht was er tun konnte, nämlich dem Tod gezeigt, dass der ihn durchschaut hat. Den Tod durchschaut. Welche Rolle nimmt Lao Tse zwischen Leben und Tod ein. Wo war das Leben? Nein, oder, der Tod ist als Schüler zu Lao Tse gekommen um etwas zu lernen. Ja, der Tod ist als Schüler zu Lao Tse gekommen um zu lernen und er sagt, der Tod ist weg. Er hat also sich selbst verloren. Nein Moment scheiße jetzt fällt es mir ein. Der Schüler fragt ja was ist mit dem Tod und Lao Tse sagt er ist weg. Also kennt er das Leiden vom Tod, der ja vor ihm steht als Schüler. Und dann packt den Tod der Zorn. Haben wir jetzt gewonnen? Und da sagt Lao Tse nicht ganz. Und dann stirbt er. Hat er es sich selbst ausgesucht zu sterben? Hat er Suizid begangen?

Der Betrunkene ist wieder aus der Einfahrt raus. Schön dass ich helfen konnte, schönen Tag noch. Das zweite Mal trage ich sicher nicht in das Notizheft ein. Aber das erste mal schon. Ich hole das Notizheft aus meiner Tasche und schreibe hin 2:56 – betrunkener Mann auf Gelände, dann gegangen, dann zurück gekommen nach

Weg gefragt, dann gesagt er soll gehen. Dann wird mir auf einmal sehr kalt. Ich gehe wieder zum Lichtschalter. Es wird hell. Dann mache ich wieder das Licht aus. Der Betrunkene kommt zum Beobachter und fragt: Wie ist es mit dem Weg?

Der Beobachter sagt: wir leben in einer Teekanne. Der Betrunkene sagt: Was. Der Beobachter sagt: nach Rechts und bis zur Kreuzung. Der Betrunkene geht. Ich habe plötzlich Lust raus zu rennen und ihn einzuholen. Oder, alternativ, nach Hause zu rennen. Ich bin der Beobachter. Was war das gerade? Wer ist jetzt wer? Was kann man mit was vergleichen? Was ist die Teekanne. Bin ich der Tod oder ist er der Tod? Keine Ahnung. Das werden langsam zu viele Ebenen. Ich setzte mich wieder und trinke vom grünen Tee.

Wie haben wir begonnen? Ich hasse östliche Philosophie. Warum? Weil sie keine Antworten liefert. Sondern? Fragen. Hasse ich Fragen? Nein, ich hasse jemanden der so tut als hätte er Antworten aber keine hat. Wer tut denn so? Wer bin ich in dieser Gleichung, der Tod, der Schüler oder Lao Tse. Nein, erstens der Schüler oder Lao Tse und zweitens der Tod oder nicht der Tod. Die ersten zwei sind ja mit den zweiten Zwei beliebig kombinierbar. Kann der Tod sterben? Irgendwie eine bescheuerte Frage. Nein, eine gute Frage. Wenn der Betrunkene wiederkommt? Nein, dann rufe ich die Polizei, so oft kann der nicht wiederkommen. Oder meine Arbeitgeber?

Das Dao ist nicht das Dao. Der Tod ist nicht der Tod. Der Beobachter ist nicht der Beobachter. Nein das ist nicht die Struktur. Das Dao das du kennst ist nicht das Dao. Der Tod den du kennst ist nicht der Tod. Der Beobachter den du kennst ist nicht der Beobachter. Verdammte Scheiße was soll das sein. Wohin geht das? Was ist das? Ich bin komplett im Kreis. Die Regel lautet: Das Echte ist nicht das Echte, wenn man es greifen kann. Anders gesagt, das Echte kann man nicht greifen. Den Tod kann man nicht greifen. Lao Tse kann man nicht greifen. Endlich spüre ich meinen schmerzenden Punkt im Hals nicht mehr. Er ist weg. Ein bisschen merkt man es noch, aber es tut nicht mehr weh. Es ist weg. Und was ist wenn ich sterben würde? Ich würde es nicht merken. Das sterben was ich merken würde, wäre nicht das richtige sterben. Klingt fast medizinisch, obwohl, was ist das richtiges sterben.

Die Teekanne die Lui Shu verkauft ist nicht die echte Welt. Er verkauft eine andere Welt, in der der Beobachter der Betrunkene ist und der Betrunkene der Beobachter. Das heißt ich komme zu einem riesigen Gebäude, daraus schreit jemand: »hey was willste« und ich sage »wo gehts zur Haltestelle?« und er erzählt mir irgendeine Scheiße von Teekannen und ich frage nochmal »was?« und dann sagt er »die Straße lang bis zur Kreuzung« und ich schaue noch kurz, dann nochmal aufs Gebäude, drehe mich um und verschwinde. Scheiße. Oder ich bin eine Frau die viel über Daoismus weiß, die von jemandem gedacht wird, der nichts über den Daoismus weiß. Aber ich bin schön und sitze im Garten und mache nichts. Das Arschloch hat mich sicher schön gedacht. Typisch. Arschloch. Lui Shu verkauft die Welt auf dem Trödelmarkt. Warum? Ich hebe meinen Kopf ruckartig von meinen Händen. Er lag. Naja, denke ich sofort, ich bin ja auch keine Kamera. Alles ist unverändert. Es ist still, ich habe nur kurz das Fenster aus dem Blick verloren. Moment, scheiße, der Betrunkene. Hab ich den geträumt? Ich nehme meinen Notizblock raus und schaue nach. Nein, der war da. Okay. Gut dann hab ich nichts verpasst. Wo war ich? Nein okay ich höre kategorisch auf über diese Scheiße zu denken.

Langsam komme ich über den Berg. Ich bin fast nicht mehr müde und die Zeit scheint schneller zu vergehen. Obwohl ich nicht mehr daran denke wer der Tod ist, wer der Schüler und so weiter. Ist ja im Endeffekt egal. Nein, schlimmer, je nachdem wie ich drüber nachdenke kommt was verschiedenes raus. Das ist einhundertprozentig ein schlechtes Zeichen. Ich muss mir einen anderen Job suchen. Ich vergesse nach jeder Schicht wie unglaublich nervig das ist. Und wofür das alles? Einbruch? Dafür ist doch unser Freund Tschug da. Obwohl, was der wohl gerade macht? Und Licht und Ton? Was für Licht und Ton? Welches Licht und welcher Ton sollen jetzt bitte kommen? Warum soll es jemanden interessieren? Warum soll überhaupt irgendwas passieren? Was ist in diesem Haus?

Es kann eigentlich nichts Illegales sein wenn es auf einem öffentlichen Jobportal angeboten wurde. Also das klingt trivial, aber tatsächlich, welches illegale Projekt würde da Mitarbeiter suchen. Andererseits, ist vielleicht sehr unauffällig.

Es kommt der Endspurt und dann passiert alles auf einmal. Von oben kommt ein helles Licht und ein lautes

Geräusch. Diesmal ist es kein Knacken, sondern eher ein Pfeifen. Das Letzte was ich sehe, ist wie ich gespült werde in eine riesige Bambustasse, und über mir das Lächeln des alten Lui Shu. Ja, der Tod zahlt einen guten Preis.

Witz über das Schmuggeln

An der Grenze, ein Mann fährt mit dem Fahrrad vor, auf dem Gepäckträger einen Sack. Zöllner: »Haben Sie etwas zu verzollen?« Mann: »Nein.« Zöllner: »Und was haben sie in dem Sack?« Mann: »Sand.« Bei der Kontrolle stellt sich heraus, dass es tatsächlich Sand ist. Eine ganze Woche lang kommt jeden Tag der Mann mit dem Fahrrad und dem Sack auf dem Gepäckträger. Am achten Tag wird's dem Zöllner doch verdächtig. Zöllner: »Was haben sie in dem Sack?« Mann: »Nur Sand.« Zöllner: »Hmm, mal sehen...« Der Sand wird diesmal gesiebt – Ergebnis: nur Sand. Der Mann kommt weiterhin jeden Tag zur Grenze. Zwei Wochen später wird es dem Grenzer zu bunt und er schickt den Sand ins Labor – Ergebnis: nur Sand. Beide, der Zöllner und der Mann werden alt. Sie treffen sich zufälligerweise im Altersheim wieder. Als sie sich erkennen, können sich beide ein nostalgisches Lächeln nicht verkneifen. Eines Tages sitzen sie bei einer Partie Dame im Aufenthaltsraum und der Zöllner sagt: »Sag mal, ganz ehrlich, was war da los? Was hast du damals geschmuggelt? Ich verspreche es, ich werde es niemandem sagen.« Beide gucken sich im Altersheim um. Daraufhin lächelt der Mann wissend und sagt: »Ich habe Diamanten im Sand versteckt.«

heute folgende Erzählung von Wladimir Sorokin gelesen:

Eine Schulklasse ist mit ihrem Klassenlehrer auf Abschlussfahrt in einem Wald. Die Stimmung ist ausgelassen, die Schüler machen Späße untereinander, einige wollen nach der Schule Ingenieure werden, andere ein Jahr in einer Nähfabrik arbeiten und danach studieren. Der Lehrer agiert vermittelnd, aber gutmütig, schwärmt von der Natur und ihrer seelenreinigenden Wirkung und fragt routiniert astronomisches Wissen ab. Tee und Kondensmilch werden am Lagerfeuer gekocht. Als das Wasser aufgebraucht ist, geht der Lehrer zum Fluss, um Wasser zu holen, und wird dabei von einem Schüler begleitet. Kurz vor dem Fluss bleibt der Schüler nervös stehen, bedankt sich bei dem Lehrer für alles, was dieser für ihn getan hat, nennt ihn einen großen Menschen (im Sinne von Held) und äußert Bedenken, dass er ihn und die Klassenkameraden nie mehr sehen wird. Der Lehrer winkt ab, besteht darauf, dass er nur seiner Arbeit nachgegangen ist, und versichert, dass sie sich jedes Jahr treffen würden und seine Tür immer offen stehe. In rührender Stille stehen sich die beiden eine Minute gegenüber, danach geht der Lehrer auf eine nahe gelegene Wiese, entleert idyllisch seinen Darm, füllt den Eimer mit Wasser und kehrt zum Lagerfeuer zurück. Der Schüler folgt seiner Spur, geht zur oben erwähnten Wiese und verspeist zärtlich seine Fäkalien. Ende.

Mazedonische Orangen

Sie stand blinglinks vor dem Orangenregal und schaute in die Kugeln – orange, rund, geriffelt, das waren sie, MAZEDONISCHE ORANGEN, nicht zu verwechseln mit Orangen von Madeirra oder anderen. Sie wusste, leicht zu schälen sind die, mit einer dicken geriffelten Schale (ähnlich wie bei den Männern, dachte sie vorerst, ließ diesen Gedanken aber liegen), anders auch bei den Zitronen, wo die mit der dünnen Schale gerade die sind, um die es ging. Dann gibt es noch die Limes, da kennt sich allerdings niemand richtig aus, im Rewe-Einkaufsladen lief da, wo Taylor Swift gelaufen wäre, jetzt etwas mit viel Monster Energy. Die Playlist ist Zielgruppenorientiert, Playlist für Muttis, Playlist für Daddys (na gut, das ist die gleiche), Playlist für skate oder gamekiddis und playlist für intellektuelle (ironisch). So gestaltet es sich, dass es die Zeit der Weithosen-Gestalten war, mit Pickeln (Panzern) und leuchtenden grün oder gelben Monstern, mit Kopfhörern. Sie musste nur schnell ihren Einkauf erledigen, auf Arbeit sagte man, sie hätte Vitaminmangel, die Leitung sagte allen, dass in der kalten und dunklen Jahreszeit viele einen Vitaminmangel entwickeln und man das mit Orangen, die besonders gut im Winter wachsen, zu kompensieren hat, und da hatte sie schon ein Netz, in der Zeit ihres Studiums hat sie viel mehr auf Mandarinen gesetzt, in dem schmalen Bett mit den Pfefferkuchen an der Ecke, mit der flauschigen Decke und der Wärmflasche, die sie durch so viele Essays begleitet hatte, mit tollen Noten und Einträgen ins S.t.i.m.a (Studentenirgendwas, sie konnte sich nicht mehr recht ...), aber die Mandarinen verband sie nicht mit einer hellen Zeit. Mit dem Netz machte sie sich auf zwischen den Regalen, den sehr appetitlich aussehenden Waschmitteln. Bürsten und Spülmaschinentabs zum Anbeißen. Der Hunger der Frau auf Putzutensilien, dachte sie ironisch, warum sie diese verdammten Putzmittel auch so appetitlich aussehen lassen, kein Wunder ...

An der Kasse wurde sie abgerechnet, nahm noch ein Zitronen-Kaugummi-Pack (nicht wegen Vitaminmangel) und verließ den Rewe. Der Rewe stand am Rande der Hochsiedlung, wenn man auf ihn von vorne schaute, ragten von hinten die riesigen grauen Türme vor, die quadratischen Dinger, die hinter dem Rewe standen und auf ihn wie auf einen kleinen, zu beschützenden Bruder schauten. So stand sie noch etwas da und plötzlich fiel eine Person, etwas Grünes tragend, wehend, auf den Boden und zersprang. Komplett in alle Richtungen, Blut und alles, sie schob die Hände vor die Augen, es hatte grade noch ganz schön nach Frühling gerochen und dann kam der KNALL. Der war irgendwie auch zu weich. Vielleicht hatte jemandes Fallschirm nicht funktioniert, aber wer springt hier schon Fallschirm. Sie machte die Augen auf und sah die menschliche Pfütze oder den menschlichen Haufen. Passanten hatten sich gerade umgedreht, jemand telefonierte mit der Polizei oder mit dem Notdienst und sie dachte, ob sie sich unter die Person gestellt hätte, um sie aufzufangen, was aber natürlich dazu geführt hätte, dass beide gestorben wären. Manche wollen sich ja umbringen und werden dann Hals-abwärts gelähmt, dachte sie sich, das will man vielleicht auch nicht, an diesem Frühlingstag. Genau an einem solchen hatte sie damals mit einem Verwandten *Matrix 2* gesehen. In einem Kino mit Betonplatten, wo Gras durchwuchs. Die Passanten wechselten sich ab zwischen Starren auf die menschliche Pfütze und Die-Augen-Verschließen, Sich-wegdrehen, Die-Nase-Zuhalten. Sie tat es auch. Aber sie musste ja zur Arbeit, es war nur Mittagspause. Aber diesen Umstand würde jeder verstehen. Das ist eine Universalausrede, die konnte man sich sogar aufheben. Das war der Moment, wo sie sich unlustig und pietätlos fand, aber schnell dachte, dass es ihr Kopf ist und sie gefälligst so pietätlos sein kann, wie sie will. Zu seiner Beerdigung ist sie ja nicht eingeladen. Bzw. was heißt seiner. Es hätte auch eine Frau sein können, ehrlich gesagt hätte es auch ein Alien sein können, jetzt wusste man es ohnehin nicht. Die Push-Nachricht von Yahoo News ließ nicht auf sich warten. Auf dem Weg zurück zur Arbeit, als die Polizei und der Krankenwagen schon gekommen waren und sie gehen konnte, las sie von ihrem Telefon: »Schokierender Selbstmord«, und tatsächlich, sie war schockiert. Der Schock setzte jetzt ein. Ich habe gerade einen Menschen sterben sehen. Sie setzte sich auf den Bordstein. Sie schrieb ihrer Chefin eine Nachricht, ich habe gerade etwas sehr Schlimmes gesehen, muss erst mal wieder zu mir kommen. Ihre Chefin benutzte immer sehr viele Ausrufe- und Fragezeichen, antwortete aber noch nicht. Sie waren viele auf der Etage. Ich habe gerade einen Menschen sterben sehen. Es sterben ja andauernd Menschen, man sieht sie nur nicht so oft dabei. Sie atmete langsam ein und aus, aber wusste nicht, wie sie dieses Wissen oder eher dieses Gefühl aus sich rauslassen soll. Dann musste sie daran denken, dass alle sterben müssen, ob nun nach einem Fall oder mit einem Auto oder Krebs oder was. Dann riss sie die Orangen auf und steckte ihren Daumen in die harte Schale, es spritzte und roch nach Orange. Weder die Farbe Orange ist nach der Frucht benannt noch andersrum, beides ist eine Ableitung des Wortes Orange (irgendwie), was in irgendeiner Sprache wohlriechend bedeutet. Sie schälte die Orange, riss sie auseinander, biss rein, ungefähr so sah der Typ auch aus, oh, Gott, sie wollte sie nicht mehr essen, aber fühlte sich verpflichtet, so ist die Natur, man stirbt, wir sind Fleischsäcke, ich esse jetzt diese Orange, und das tat sie und sie war für eine Orange verdammt süß, wirklich. Sie sah die Erinnerung an die menschliche Pfütze und jetzt wollte sie wieder zurück. Irgendwie wollte sie nicht, aber sie ging, sie hatte das oft, dass ein Gedanke kam und sie ihn durchführen musste, oder sie fühlte sich sehr schlecht, manchmal erwehrte sie sich gegen so was, vor allem, wenn es was Komisches war, wie die Nase mit allen Fingern nacheinander berühren, diese OCD-Scheiße war nichts für sie, aber jetzt lief sie bereitwillig nach, ging zurück, rannte, hielt die Orangen fest und sah dann im Augenwinkel Klee und Gänseblümchen, Gott, wie auf dem Weg zum Kindergarten, wer malt immer eine Sonne in die Ecke, hatte sie ein Rätsel ihrer Oma gestellt, weil sie gerade an dem Tag viele Bilder mit einer Sonne in der Ecke gemalt hatte. Sie war zurück und da war ein riesiger Wagen, der den Boden sauber machte. SO WIRD MAN VOM SYSTEM VERGESSEN, dachte sie erneut ironisch und war gebannt von dieser riesigen Maschine, die mit Druckwasser in die Ritzen der Betonplatte zielte und die roten Reste entfernten, was alles zum Teil in eine nahe gelegene Wiese oder besser in ein Grasstück floss und zum anderen Teil in den Gullideckel, der unten auf der Straße war. Die Putzarbeiter sahen aus, als würden sie arbeiten, was sie auch taten, aber sie sahen weder besonders konzentriert noch besonders gelangweilt aus, es roch jetzt nach Wasser. Sie hatten sicher noch größere Wasserkanonen, die war eher klein und präzise. Die Überreste und die Kleidung wurden wohl schon weggetragen. Jetzt wollte sie ein Eis haben. Zurück in den Rewe? Es war zum ersten Mal über 15 Grad, man konnte FAST nur ein T-shirt tragen oder zumindest sehr gut mit einem offenen Pullover und einem T-shirt herumlaufen. Rein in den Rewe und noch ein weißes Eis am Stiel mit irgendeiner Schale (für Wassereis war es doch zu kalt)? Die Zuckersucht wollte ihrs. Da ist jemand gerade aufgekommen und zerprungen, OB ER ETWAS GEFÜHLT HAT? Wahrscheinlich war es kurz sehr schlimm und dann alles weg. Wie diese Geschichte, wo ein abgetrennter Kopf seinen Henker noch angegrinst hat, aber das ist vielleicht eine Lüge. Obwohl ein abgetrennter Kopf ja noch eine Weile bei Bewusstsein ist. Sie ging nicht in den Rewe, aber wieder nicht aus Pietät, sondern weil sie ihrer Zuckersucht nicht das letzte Wort geben wollte.

conventions

Ich war auf einer kleinen convention im späten Jahr 2007, nichts besonderes, nur ein paar Wasserklärungsanlagen, Filter, Wasserspender und so weiter. Das generelle Thema war Wasser. Alle waren so wassermäßig angezogen, hatten Polohemden in hell, weiß, hellblau, hellgrün teilweise wie in einem Spa oder einer Wellnessoase. Aber da hinten, sah ich einen Stand mit dunklen T-shirts und schwarzen Ornamenten. Da waren Hörner und dunkle Schrift. Als ich also da hin ging, und fragte, wurde mir offenbart es handelt sich hierbei um »gotisches Wasser«. »gotisches Wasser«, fragte ich, »was zum Teufel soll das sein?« »na, gotisches Wasser, verstehst du nicht, kennst du nicht Gotik?« Aber natürlich kannte ich die Gotik. Es war kein Zufall dass ich ein Jahr vorher schon auf einer Gothik convention gewesen bin. Alles war voller Blut, Schädel und dunkler Symbole. Nur da in der Ecke, da hatte ich einen hellen und schimmernden Stand gesehen. Ich erinnere mich, ich war hingegagnen und hatte gefragt »Entschuldigung, was bieten sie hier an«. Und der Typ, ganz preppy war er gekleidet, hatte zu mir gesagt »wir machen hier wässrige Gothic«. »Wässrige Gothic? Was zum Teufel« hatte ich damals erwidert. Langsam verstand ich aber worauf es hinaus lief. Die Frau vom Gothic Wasser hatte aufgehört sich mit mir zu beschäftigen und redete mit einer potentiellen Käuferin die ihre Hände gerade in den dunklen und flachen Messingkrug gesenkt hatte. Mir wurde heiß und ich verlies das convention Gebäude. Draußen war es schon dunkel, aber noch warm. Ich setzte mich mit dem Rücken an die Wand und versuchte die Puzzelteile zu verbinden. Gothisches Wasser – Wässrige Gothik. Irgendwas fehlte. Leider kam ich zu nichts und musste nach Hause gehen, nur auf dem Weg nach Hause sah ich einen Raben der das Wasser in die Luft spuckte und hoch über den krakeligen Baumspitzen flog.

Guam warum so, Guam

Nach einer langen und aufreibenden Reise durch die Ziele ihrer jugendlichen Träume, Samoa, Guam und andere Orte, die in Reiseführern unter exotisch gehen, kam sie erschöpft und träge zurück in ihre Heimat Dänemark. Schroffe Winde und kalte Brisen trugen das Flugzeug zurück, worin sie sich befand, mit eingequetschten Beinen und steifem Nacken in der Mittelreihe zwischen zwei Müttern, nicht ihren Müttern. Warum war sie so lange weg gewesen? Was war mit dem Land passiert? Sie war eine dunkelblonde Frau, flache und unter dem richtigen Winkel vielsagende Augen, ein leichter Damenbart, den sie, je nach Stimmung, stehen und nicht stehen ließ, und eine Abenteuerlust, die auf Geschichten ihres Opas zurückführbar war. Ihre Freunde luden sie oft ein zu geselligen Abenden, doch sie verschloss sich und zog sich in ihre Einsamkeit zurück. Wie oft konnte sie in sich das Leben nicht fühlen? Eine alles umreißende Taubheit nahm sie komplett ein und nur ein leiser, aber immerwährender Schrei der Angst, oder wie man auch sagt, anxiety, hallte in allen Ecken ihres Körpers wider. Sie sah auf ihr Handy und bemerkte eine Nachricht ihres Vaters. Er schrieb: Willkommen zurück, und sie fühlte sich wohl, obwohl sie nicht recht wusste, warum. Der Vater war mager. Ein großer, hagerer Maler mit einem Atelier direkt an einer der vielbefahrendsten Straßen Dänemarks. Mit dänischen und englischen Autos und Abgasen, die die Sicht aus seinem Fenster trübten. Er träumte viel und man sah es in seinen Bildern. Der Flughafen war sehr geräumig und poliert, sie schwebte durch, ohne jeglichen Widerstand. Mit den Koffern stand sie davor und ging im Geiste die Bilder der Reise durch. Die Hotels, die Wälder, die kalten und heißen Getränke. Ja, einen Teil der Kosten hatten ihre Eltern übernommen, ein anderer Teil kam von ihr selber. Als Kosmopolitin sah sie sich, obwohl sie diesen Titel nicht verdiente. Was wusste sie von der Welt? Zu der anxiety gesellte sich immer eine Note Schuld. Ihre graublauen Augen waren zusammengekniffen von dem dänischen Staub. Sie war verabredet mit einer Freundin, der es ebenfalls nicht gut ging. Das wusste sie ganz konkret, andererseits ging es dieser Freundin nie gut. Das war ein Dauerzustand, die Gründe haben sie wieder und wieder versucht zu erschließen. Ihr selbst ging es ebenfalls schäbig, es war der Jetlag, das schlechte Essen und der Sekt. Eine Schwere in ihren Haaren, rote, juckende Augen, schmerzende Füße, vor allem die Fußspitzen. Sie ging zu einem Taxi rüber und setzte sich rein, wenigstens war es hier warm.

Das Café war bräunlich und geschmackvoll, es gab viele Bilder von Kaffeebohnen und -pflanzen, Bilder von schneeweißen Tassen. Sie saß wohl und fühlte sich völlig fehl am Platz. Ihr gegenüber war ihre Freundin, die blass und schwarzhaarig erzählte, schnell redete, mit spröden Nägeln und spröden Sätzen, spröden Ideen in ihrer spröden Sprache, man könnte fast denken, dass sie gleich auseinanderfällt. Sie war aufgelöst, sie hatte ihr Leben lang mit dem Wohlstand ihrer Eltern zu kämpfen. Und es war beschissen. Was wollte dir dein Opa über Erfolg und Durchhaltevermögen erzählen, du hattest seine Beerdigung gesehen. Wie unglaublich gefühllos die ganze Familie den Sarg in die Erde sinken sah, wie das Anwesen und das Erbe zerfleischt wurden und die Gier alles zerfleischte, die Familie und die schönen Sitze, die Möbel und die Edeka-Einkaufsliste. Wie alles einen einzigen Riss hatte. Beim Gespräch zitterte die Freundin, sie hieß Ella, sie wechselte oft zwischen hellen und dunklen Haaren, sie suchte sich oft einen neuen Job, sie kämpfte ununterbrochen mit ihrer eigenen Leistung, schämte sich für gute Noten, bestrafte sich für gute Noten, bestrafte sich für alles und haute gegen die Wand, ritzte mit einem Stein in ihre Haut, weil sie das schon in der Grundschule als Wettbewerb etabliert hatte. Der Kaffee war leer, Ella hörte nicht auf zu zittern. Die beiden Freundinnen gingen raus und überlegten, was sie weiterhin tun wollten. Der behäbig fließende dänische Verkehr, der endlose Fluss der Möglichkeiten, das Ein- und Aussteigen war kaum auszuhalten. Aber sich im Inneren eines Raumes aufzuhalten, war auch nicht die Lösung. Trotzdem musste sie weiter. Ihr Name war Michelle.

Michelle verabschiedete sich mit der Begründung, dass sie von dem Flug noch völlig erschöpft war, und Ella lachte laut und sagte, dass sie versteht und dass sie verdammt glücklich war, so eine Freundin zu haben, die trotzdem da war, die sich trotzdem Zeit nehmen würde. Da lachte Michelle auch. Sie umarmten sich und

Michelle drückte einmal richtig fest zu. Zu Hause ließ Michelle alles im Flur stehen und lief durch den Flur zu ihrem Bett, in das sie sich mit Kleidung legte. Sie machte die Augen zu und schlief sofort ein. Sie träumte nicht davon, Hamlet zu sein. Sie träumte davon, etwas zu spüren. Nicht davon, zu spüren, Hamlet zu sein. Nicht davon, zu spüren, ihr blutfeuchtes Schwert in die Brust eines Verräters zu drücken. Nicht, die Nation auf der Schwertspitze zu tragen. Nicht davon, im tobenden Gejohle der ungewaschenen, ungebildeten Masse zu baden und goldbehangen aus einer Wanne von Juwelen zu schweben, mit den nackten, empfindlichen, weichen Füßen über die Gesichter von einfachen Leuten zu gehen. Davon träumte sie nicht. Sich auf das Gesicht eines einfachen Bauern zu setzen und ihn ersticken zu lassen. Davon träumte sie nicht. Der Morgen war überraschend schön. Es war warm, die Sonne schien ins Zimmer, auf ihrem Balkon waren die Pflanzen zwar beinahe tot, aber sahen sehr friedlich ruhend aus, und die Erde war zu harten Brocken geworden, die in der Hitze trockneten. Sie wachte auf, streckte sich und ging auf den Balkon. Jetzt war es doch kalt. Sie übersah die Straße und die Dächer. Irgendwie war es nun doch ungemütlich. Im Inneren aber war es durchaus annehmbar, sie frühstückte mit Aufbackbrötchen, Dips, Käse und Gurken. Dann klingelte es an der Tür. Sie ging durch den Flur und hatte schon ein extrem unschönes Gefühl. Es war wahrscheinlich ihr Freund. Und er war es auch. Sie öffnete die Tür und sah seine unangenehm langen Haare, die hinten zu einem Zopf zusammengebunden waren. Irgendwann hatte sie ihm gesagt, dass sie es schön fände, wenn er längere Haare hätte, dann fand sie es doch nicht schön, aber er war wohl stolz darauf oder sah es als beziehungsfördernd an, sein eigenes Ding durchzuziehen. Jedenfalls waren die Haare unangenehm, das Gesicht, die Brille, die unnatürliche Größe. Sie umarmten sich ungelenk. Sie war weggefahren, um sich damit nicht auseinandersetzen zu müssen, sie hatte eine Beziehungspause angedeutet. Ihr Freund, Laurin, war aber gekommen, um aufs Ganze zu gehen. Nicht bei diesem Wetter. Er ging an ihr vorbei durch den Flur und setzte sich aufs Bett. Er sagte, er müsse mit ihr reden. Sie sagte, dass es auch in ihrem Interesse war. Wie konnte man dermaßen kein Mensch sein wie Laurin? Sie hatte ihn attraktiv gefunden, weil er alles draufhatte, weil er stabil war, weil er immer da war, weil sie dachte, da wäre was dahinter. Und da war auch was dahinter. Er hatte seine Ängste, seine Träume, seine Vorstellungen. Aber das hatte alles nichts mit ihr zu tun. Er fragte, wie die Reise war. Frag doch, ob ich dich betrogen habe, dachte sie. Frag es doch einfach. Ist doch nicht so schwer. Ist das so schwer? Das willst du doch wissen. Sag, dass du das wissen willst.

Michelle lief durch den Park. Lauter spielende Kinder und gemütlich spazierende Familien, alles war voller dänischer Eichen. Es roch hell und klar und weich und grün und super und sie suchte tief in sich und fand tatsächlich so etwas wie Zufriedenheit. Sie sah in den Himmel und da war die wolkenlose Wonne, der strahlende

Himmel über Dänemark. Von all dem wollte sie ursprünglich weg, aber jetzt war sie wieder da. Da rief ihr Vater an. Er hatte eine hohe und kratzige Stimme, wie ein Stacheldraht. Jedes Mal, wenn sie sich mit ihrem hageren Vater unterhielt, klang er schwächer und älter als vorher. Dieses Mal war es nicht anders. Er freute sich, sie zu hören, und lud sie ein, in seinem Atelier einen Kaffee zu trinken. Was Vater und Tochter verband, war die Liebe zu gut gemachtem Kaffee. Sie rief ein Taxi und als es kam, stieg sie wortlos ein und zeigte die Adresse auf ihrem Telefon. Sie verlor kein Wort. Sie redete nicht mit dem Taxifahrer. Dem war das natürlich völlig egal. Ein alter Däne mit Backenbarden, der viel zu erzählen hatte. Sie redete nicht mit ihm und er fing von selbst auch nicht an. Sie stellte sich vor, wie es wäre, wenn es einen Autounfall gäbe und er stürbe und sie nur leicht verletzt werden würde. Dann hätte sie beinahe das Recht, auf die Familie sauer zu sein. Na ja, würde sie sagen, ihr Mann ist gefahren. Ich habe hier diesen Bluterguss. Sehr tragisch, dass er tot ist, aber sie wissen ja selbst. Er ist gefahren. Und ich bin zu spät zum Kaffee mit meinem Vater gekommen. Letztendlich kam sie nicht zu spät. Sie war pünktlich, zahlte und ging rein. Ihr Vater nahm sie zur Begrüßung in den Arm. Er nannte sie meine Kleine, streichelte ihr über den Kopf und zeigte ihr seine neuen Bilder. Eins war komplett blau mit Strahlen die von der Mitte an die Ränder gingen und um die Ecke bogen. Die Strahlen waren violett und zerfranst an den Seiten. Mehr war nicht zu sehen. Es war aggressiv hässlich, aber das wusste ihr Vater natürlich. Malerei war seine Leidenschaft, er lebte für das Malen. Er tat alles andere nur behelfsmäßig, zum Beispiel seine Tochter zeugen und großziehen. Was nicht hieß, dass er sich nicht bemühte, aber sie war nun mal keine 120 × 90 Zentimeter Leinwand, die er mit gedeckten Farben bestreichen konnte. Das hatte ihr als Kind schwer zu schaffen gemacht, später half es ihr, eher mit Abweisung klarzukommen. Michelle, meine Michelle sagte er immer wieder. Sie sah in seine Augen. Er hatte keinen Krieg erlebt. Das machte ihn, in Michelles Augen, ungewollt zu einem halben Mann. Das war ihr außerordentlich peinlich. Aber ihren Vater, der sein Leben komfortabel verlebt hatte, natürlich genauso wie sie, konnte sie nicht als Mann akzeptieren. Und das tat ihr leid, sie wusste ja ganz genau, dass es falsch war. Sie träumte von einem Vater, der für seine Heimat, seine Partei, seine Mutter, die Freiheit oder sonst was bereit gewesen wäre zu sterben. Vielleicht wäre er das ja auch. Aber die Geschichte hatte ihm keine Möglichkeit dazu gegeben. Er war zu spät geboren und trotzdem war er so alt. Natürlich empfand sie zu ihm trotzdem Liebe und Vatergefühle. Michelle, meine Michelle. Er redete darüber, was er und seine gegenwärtige Geliebte getan hatten, während Michelle auf Reisen war. Einige Ausflüge, einige Theaterbesuche, ein Geburtstag eines alten Freundes. Den Freund kannte sie auch. Es war ein Galerist, ein sehr dicker Mann mit einem großartigen Geschmack. Ja, Geschmack musste man haben, hatte ihr Vater ihr oft gesagt. Geschmack müsste man haben. Sie erzählte von der Reise, von den Flüssen und Bergen von Guam, den Stränden von Samoa, den Menschen in Polynesien. Er wiederum staunte und sagte, wie ihn gewisse Skulpturen in seinem Schaffen beeinflusst hätten. Auch dieses Gespräch war für sie völlig unaushaltbar. Es war das ehrliche Interesse des Vaters, das sie nicht ertrug, die bedrückende Leidenschaftlichkeit des Ateliers, das Ganz-oder-gar-Nicht, der ehrliche Kompromiss des Malers, der auch Geld verdienen muss. Sie gab nur noch kurze und unklare Antworten. Irgendwann schaute sie demonstrativ auf die Uhr. Die alte Stimme ihres Vaters, sein Name war Oskar, hatte auch nicht mehr so viel Kraft. Abends saß sie wieder im Park auf einer Decke, die sie von zu Hause mitgenommen hatte. Ihre Arbeit startete erst wieder nach dem Wochenende, das hatte sie extra so eingerichtet, um sich zu akklimatisieren. Es stellte sich heraus, dass es eine gute Idee war, obwohl es mit dem Akklimatisieren nicht besonders gut klappte. Nichts hatte sich geändert in ihrem Leben und nichts hatte sich geändert im Lande Dänemark. Die Kurse fielen und stiegen, genauso wie die Fahrräder, die Luft war städtisch gut, der Himmel war meistens klar und nicht zu heiß. Sie saß auf einer Wiese, die sich weit nach vorne zog und von einem Weg begrenzt war. Dahinter war eine Baumreihe und dahinter der Horizont. Von links war die Wiese durch einen flachen Hügel begrenzt und rechts lief ein weiterer Weg lang. Verstreut saßen Familien oder Gruppen von Jugendlichen auf der Wiese. Weiter hinten, in der Nähe des Hügels, war ein Trommelkreis. Michelle legte sich hin und blickte in den roten Himmel. Sie erinnerte sich daran, wie die Sonnenuntergänge in Samoa waren. Sehr ähnlich. Nur mit Palmen und Meer. Aber sie wollte nicht zurück. Wozu? Es würde nichts ändern. Der Trommelkreis wurde lauter. Sie setzte sich abrupt auf und schaute ganz genau hin. Etwa acht Menschen saßen im Kreis und schlugen auf Trommeln, die sich zwischen ihren Knien befanden. Einer hatte eine große, runde Trommel, aber die meisten hatten nur immer zwei kleine, die zusammengehörten. Darauf schlugen sie rhythmisch und man hörte es von Weitem. Michelle schaute genauer hin. Einer von ihnen war ein blonder, langhaariger Mann, den sie von irgendwoher kannte. Langes, wallendes, wollüstiges Haar und buschige, starke Brauen, heftig ausgefülltes T-shirt und große Hände. Ja, diesen Typen hatte sie schon in Galerien gesehen, er war immer mit einigen Leute da und trug Ohrringe mit kleinen Steinchen, die in der Mitte ein Loch hatten. Sie kannte diesen Typen, sie hatte ihn sprechen gehört. Seine tiefe und sanfte Stimme hatte nicht selten gepflegt den Raum eingenommen, in dem er war, und sich schmiegsam um die Schultern und Taillen aller Menschen, die das Glück hatten, anwesend zu sein, gelegt. Sie wusste nicht, wie er hieß, aber sie wusste, dass er mit aller Kraft auf zwei kleine Trommeln schlug und seine Haare nach hinten warf, in den Wind, der sich auf der Wiese austobte und laue Böen vom Horizont in die Gesichter und Nacken der Parkbesucher warf. Sie war auf halbem Weg. Ihre Sandalen umspannten ihre Füße und stellten ihre gesamte

Körperhaltung auf, sie war eine einzige Linie, von den Fersen bis zum Scheitel, und ihre doppelt gebogene Wirbelsäule federte jeden Schritt ab. In diesem Moment, als sie auf den Trommelkreis zuging, war sie nicht mehr ausgefüllt mit Taubheit und anxiety, wie fast immer, außer wenn sie die erste Tasse Kaffee intus hatte, jetzt fühlte sie sich wie eine Jaguarin auf dem Weg zu ihrer Beute, eine Hyäne, deren Beute diesmal lebte, was ihr aber nichts bringen würde, wie die Nacht, die über zwei Liebende hereinbrach und sie komplett bedeckte und sie dazu zwang, sich ihrem Schicksal zu ergeben. Trommelkreise nehmen doch Leute auf, oder nicht? Man kann doch dazu kommen. Das ist nicht seltsam, vor allem, wenn man jemanden schon kennt. Als sie etwa zehn Meter vom Trommelkreis entfernt war und das Trommeln sehr laut hören konnte und die Sonne sich immer schneller dem Horizont näherte, drehte er sich um. Er lächelte halb, ohne dass er aufhörte zu trommeln. Es war nicht klar, ob er sie erkannt hatte oder ob er einfach nur lächelte, weil er das immer tat, jedenfalls drehte er sich wieder um und wandte sich den anderen Trommlern zu. Als Michelle nah genug dran war, sah sie die Leute deutlicher. Es waren Menschen, die man schwer zuordnen konnte, weil die meisten ihre Köpfe zu den Trommeln neigten oder mit geschlossenen Augen nach oben reckten. Es war ein seltsamer Anblick, vor allem im rötlichen Licht des Sonnenuntergangs. Der Mann, den sie kannte, saß aufrecht, gerade, so gerade, dass es ihrer Haltung Konkurrenz machte, und schaute in das Zentrum des

Kreises. Sie wollte etwas sagen, aber andererseits die Harmonie nicht stören. Sie entschied sich, sich hinzusetzen, und sofort rückten zwei Menschen etwas nach außen, um ihr Platz zu geben. Eine immense Erleichterung machte sich breit. Gott sei Dank, ich bin jetzt drin. Gleichzeitig begann die Angst wiederzukommen, was aber auch nicht schlimm war, niemand hatte versprochen, dass es vom Im-Kreis-Sitzen besser werden würde. Sie trommelten seit zwanzig Minuten und Michelle schaukelte vor und zurück. Es war kein gedankenverlorenes Schaukeln, sondern ein bewusstes und sogar ein konstruiertes, so sehr nach Schaukeln war ihr nicht. Aber es passierte nichts und sie hatte auch nichts zum trommeln. Sie haute mal mit den Händen auf das Gras, aber das hatte keinen Effekt. Die anderen Trommler hatten sie zwar aufgenommen, kümmerten sich aber nicht weiter um sie. Sie trommelten und trommelten und auf einmal dachte Michelle, dass es ihr vielleicht lieber gewesen wäre, sie hätten sie fortgejagt. Ein paar Grenzen im Leben können ja nicht schaden, dachte sie, dann hätte sie zumindest nicht ihre Zeit verschwendet. Genau in diesem Moment hörten sie auf. Die Stille krachte auf Michelle ein und sie hielt sogar den Atem an. Dann senkten oder erhoben sich die Köpfe der Sitzenden und schauten einander an. Sie erkannte Männer und Frauen in ihren 30ern und 40ern und sie erkannte ihn und seinen kraftvollen Blick, der auf sie gerichtet war. Schön, dass du da bist, sagte er, aber nicht gruselig, nicht provokant, sondern als würde er sich ehrlich freuen. Die anderen nickten und summten zustimmend. Wie heißt du, fragte er und sie sagte Michelle und ihre Stimme war rau, weil sie sie lange nicht benutzt hatte. Die anderen stellten sich vor, aber sie merkte sich keine Namen. Nur einen Namen merkte sie sich. Guam. Hört mir zu, sagte Guam. Es war schon fast dunkel, aber immer noch warm. Die Menschen saßen jetzt nicht mehr so streng im Kreis, sondern jeder für sich, entspannt, manche lehnten aneinander. Michelle hatte ihre Beine ausgestreckt, sodass sie in die Mitte des Kreises zeigten, einer ihrer Füße zeigte nach oben, einer in Guams Richtung. Die Trommeln lagen im Gras und es war still, bis auf einige Zikaden, von denen es in Dänemark so so viele gibt. Ich erzähle euch eine Geschichte. Er schaute dabei direkt in Michelles Augen, sodass sich ein Gefühl in ihrer Brust ausbreitete, als würde sie langsam eine Achterbahn hochfahren. Es beginnt dort, an den kristallklaren Abhängen vom Himalaya. Dort wohnt ein Riese. Einer, der mit einem Schritt von einem Berg zum anderen kommen kann. Und so erzählte er weiter und weiter und sie hörte bald nicht mehr zu und starrte nur in die immer dunkler werdende Figur von Guam, wie er da saß und mit seiner tiefen und sanften Stimme eine Geschichte von Riesen erzählte, die weit in den Bergen wohnten, und er selbst dabei immer dunkler, immer schwärzer wurde, weil die Sonne schon fast nicht mehr zu sehen war, und sie wünschte sich nur eins, mit diesem Menschen zu verwachsen und in ihm und mit ihm zu leben, mit dieser Stimme über die Berge und Täler im Himalaya zu ziehen und ihn dann in ihre Welt mitzunehmen, nach Samoa und Mikronesien, und sich alles, aber auch alles einzuverleiben, in sich und ohne sich. Irgendwas sagte ihr, dass alle anderen Trommler sich ähnlich fühlten. Wenn sie den Blick mal erhob, dann sah sie Menschen, einfach nur Menschen, wie sie ihre Augen schlossen und im Geiste wanderten, mit der Stimme der großen, blonden, schwarzen Figur, die ihnen den Weg zeigte, den Weg aus Dänemark, den Weg an die entlegensten Winkel der Erde. Dort fühlte sie sich voll, dort war sie bis an den Rand gefüllt mit Leben. Sie spürte alles und alles spürte sie. Dann redete der Nächste und die Nächste spann ihre Geschichten mit ein und dann war auch Michelle an der Reihe und sie alle folgten ihr und ihrem flammenden Schwert, das durch die Lüfte schnitt und von Ort zu Ort, von Geschichte zu Geschichte wechselte. Plötzlich spürte sie, dass Guam keine Macht über sie hatte, sondern sie über ihn. Sie konnte ihn führen und er folgte gefügig. Sie reiste und reiste und die Menschen folgten, dann legte sie sich nieder und eine andere Person übernahm das Reden. Als der Letzte aufgehört hatte, blieben alle still. Natürlich, jetzt seine Stimme zu erheben, würde bedeuten, nach einem Donnergrollen zu sprechen. Sie atmete gleichmäßig und schaute dorthin, wo Guams Augen sein sollten, und sah sie nicht. Es war eine dunkle und schwere Nacht. Dieses Mal, als sie im Bett lag, träumte sie auch nicht davon, Hamlet zu sein. Sie träumte nicht davon, Hamlet zu sein, und sie träumte nicht davon, wieder nach Samoa zu fahren. Sie träumte davon, dass königliche, feine Füße auf ihr grobes Bauerngesicht traten. Und das gefiel ihr nicht, das gefiel ihr ganz und gar nicht. Aber sie konnte nicht mehr aufhören. Sie träumte jetzt anders und auch tagsüber hatte sich einiges verändert.

Scotty

A mulatto

Schreibs dir hinter die Ohren. In diesem Laden wird keiner verprügelt, verstanden? Egal wer dir Geld schuldet oder sonst was. Das hier ist mein Laden. Es ist kein großer Laden. Aber es ist ein ruhiger Laden. Und ich möchte nicht, dass du und deine Kumpels hier euren Unfug treibt. Ich habe deiner Mutter versprochen, dass ich auf dich aufpasse, Scotty, und der Blitz soll mich beim Scheißen treffen, wenn ich das nicht tun werde. Verstehst du mich, Scotty, das ist keins von deinen verdammten Spielen. Das ist nicht Football oder High-Five-Johnson. Das ist das verdammte Leben. Und hier hörst du auf das, was ich sage. Und ich sage: Deine Weste bleibt sauber, zumindest solange du in meinem Laden bist. Hast du das verstanden?

An Albino

Ich hatte ihn verstanden. Wenn ihr mich fragt, wollte der alte Sack seit Monaten an meine Mutter ran. Deswegen das ganze Gequassel von Ehre und Versprechen. Ich will verdammt sein, wenn ich ihn nicht letzte Woche unten im Bull sah, voll wie eine Haubitze und in den Armen einer Frau, die Aussah wie Kansas City, nachdem ein Tornado einmal durchgefegt ist, wenn ihr versteht, was ich meine. Ich bin übrigens Scottsdale, kurz Scotty. Und das hier ist meine Misses, Joslyn. Joslyn ist der heißeste Feger der Stadt. Kein Wunder, dass sie sich den gefährlichsten Typen der Stadt geschnappt hat. Nicht wahr, Babe?

A mosquito
Natürlich, Babe. Wenn du mit gefährlich verweichlicht meinst und mit Typen ein Tuch, mit dem ich nicht mal den Küchenboden wischen würde. Ich will nicht lügen, am Anfang hat es mir Spaß gemacht, mit diesen Halbstarken durch die Stadt zu ziehen, den Whiskey vom Tresen zu saufen und alle Spiegel im Umkreis von zehn Meilen zu zerkratzen, laut, dass es meine arme Mutter unten in Jersey aus dem Schlaf reißen könnte. Aber das hat sich erledigt. Warum häng ich also noch mit diesen Versagern ab? Ganz einfach. Seht ihr das Kerlchen dort hinten an der Jukebox stehen? Genau, den rothaarigen, kleinen Kerl. Das ist George Fair Sport. Der Name ist ironisch zu verstehen, das Einzige, was fair an diesem Lümmel ist, ist die Farbe seiner Schamhaare. Was, dachtet ihr, ich hänge mit diesen Hunden rum und gönne mir nicht mal meinen eigenen Spaß? Jedenfalls, der Vater von George hat ein Tonstudio in Downtown. Er hat mich schon ein zwei Mal mitgenommen. Und die alte Joslyn lässt sich so eine Chance nicht durch die Lappen gehen, da könnt ihr Gift drauf nehmen.

My libido
Fair Sport, so nennt man mich in diesen Breiten. Ich hatte schon viele Namen, George on the porch, Georgy Pippin oder einfach nur GG. Das Mädchen von Scotty macht mir mal wieder schöne Augen, na, sie kann sich wohl noch an letzte Nacht erinnern. Eins sag ich euch, nach einer Nacht mit dieser Frau fühlt ihr euch wie ein Wüstenkamel, das

man so lange angespornt hat, bis es in den Saharasand fällt und nie wieder aufstehen will. Aber man nennt mich nicht umsonst Fair Sport. Scotty hat schon länger keine großen Dinger mehr an Land gezogen und jetzt, wo Al ihn so hart rannimmt, ist es endlich an der Zeit für den alten Georgy die Zügel in die Hand zu nehmen, wie man so schön sagt. Ein, zwei Wochen lass ich ihm noch und dann werde ich ein ernstes Wörtchen mit ihm reden. Seit ich aus Monica Pier hier runter gezogen bin, hab ich kein Auge zugemacht. Alles ist so verdammt schnell in dieser Stadt, es bleibt keine Sekunde, um mal durchzuatmen. Manchmal würde ich gerne mal ausschlafen oder zurück zu Gram auf die Farm. Es gab zwar keinen Scotty und keine Joslyn, aber heilige Mistsau, der Käse war göttlich, dafür steh ich mit meinem Namen.

Die letzten Monate

Mein FEIND – sein Name ist Feind, wir haben einander nicht viel zu sagen. Im Zug sitzt er mir schräg gegenüber mit dem Rücken, so sehe ich nur sein dünnes Haar. Interessant. Während der ICE durch ein 4-einhalb Sterne Dorf rast, prüfe ich die letzten Entwicklungen. Gute Entwicklungen, was soll man sagen. Ich stehe auf und beginne Kniebeugen zu machen, auf meiner Schulter zählt es laut und angenehm mit, auf Französisch, un, deux, trois, quatre, cinq – meine Französischlehrerin der neunten Klasse hat eine stark verzögerte Liebe zum Französischen bei mir hervorgerufen, etwas daran war so reif und abgeklärt, dass es erst Jahre nach der Schule begonnen hat, mich in seinen Bann zu ziehen. Trente, ich setze mich, mein FEIND hat keinen Sport getrieben. Interessant. In meinem Telefon heißt er so, einfach Feind. Alle direkten Konkurrenten werden in meinem Telefon standardmäßig als »Feind« eingespeichert. Das habe ich so eingestellt.

Hinter der Scheibe ist Frühling. Felder und so weiter, Mais, Windkraftanlagen. Man kann jeden Sitz beliebig drehen, deswegen kann er mir gegenüber sitzen und mir trotzdem seinen Rücken zuwenden. Man sollte seinem Feind nicht den Rücken zuwenden. Wobei, womöglich heiße ich in seinem Telefon eher so was wie »Widersacher« oder vielleicht »Konkurrent«.

Wir haben uns auf denselben Job beworben, daher die Bezeichnung. Er verliert Haare, hat also Haarausfall. Sein Hinterkopf glänzt etwas, er dreht sich kaum merklich auf seinem Stuhl hin und her, das ist ein Ausdruck von Nervosität. Die heisere französische Stimme schlägt mir eine Meditation vor, zwanzig Minuten bevor der Zug in den Bahnhof einfährt und ich aussteige. Bewerbungsgespräche finden prinzipiell im Erdgeschoss statt. Ich schlage die Meditation aus. Man muss bedenken, wir sind über die Ruhe hinaus. Wir sind über den Stress hinaus und wir sind über die Ruhe hinaus. Das kann ich nicht anders sagen: Das Zen ist tot.

Wir erreichen den Bahnhof, er funkelt mir entgegen, es gibt sogar Tauben. Zögernd laufe ich dem Feind hinterher, einige Menschen ziehen an uns vorbei und schauen uns dabei angestrengt in die Augen, die Tauben gurren.

Wir steigen in die Metro ab, ich bekomme eine Kabine hinter seiner, still gleiten wir durch den endlosen Tunnel wie kleine Thromben durch die Arterie. Er hat mich mit Sicherheit bemerkt. Bevor wir ankommen, schließe ich die Augen. Bevor wir ankommen, spiele ich ein Szenario durch, in dem ich den Job nicht bekomme, in der Gosse lande und an einer längst (bei Bedarf) behandelbaren Krankheit krepiere. Bevor wir ankommen, nehme ich zur Kenntnis, dass die Metro für eine 4-Sterne-Stadt sehr leise ist. Ich ziehe es in Betracht ihr fünf Sterne zu geben, aber entscheide mich dagegen, gebe meiner Entscheidung zum Scherz drei Sterne und gebe meinem Bedürfnis meine Entscheidungen bewerten zu wollen vier. Darum werde ich nicht genommen, denke ich mir zum Scherz und stelle mir eine Zeit vor, als man noch im Ernst um einen Job fürchten musste. Wir steigen aus und schlendern wortlos zum Gebäude. Er hat mich schon längst bemerkt. Irgendwie erwarte ich, dass er mir ein Lächeln zuwirft, aber so weit kommt es nicht. Im Foyer gibt es sehr viele Topfpflanzen und Bücherregale, Plakate aus scheinbar jeder Epoche (aber sehr stimmig), einige dekorative Wartezimmermagazine (ich vermute, dass sie im Inneren nur leere Seiten haben, schaue aber nicht nach) und einen stummen Hund. Er läuft geräuschlos umher und hinterlässt hier und da einige Hundehaare. Wir setzen uns auf zwei grüne Polsterstühle und fangen an zu warten. Wir warten nicht lange.

Eine junge Frau reißt die Tür auf und verkündet mit einem breiten Grinsen meinen Namen. Ich versuche ihr tief in die Augen zu sehen, aber es klappt nicht gut. Zum Abschied sehe ich noch einmal in Richtung meines Feindes und da kriege ich das Lächeln. Er hat Falten auf der Stirn, fällt mir auf, und tiefe Geheimratsecken. Ich nehme ihm das Lächeln nicht ab. Aber das liegt an mir. Ganz sicher.

Ich folge der Frau zu einem Raum, der etwas dunkler ist als das Foyer. Etwas ledriger, also familiärer. Genau der Effekt, den sie erreichen wollten, fünf Sterne.

Die Frau setzt sich locker im Schneidersitz auf einen hohen Hocker, ich nehme auf einem identischen Hocker Platz, zwischen uns ist ein schmaler Tisch aus dunklem Holz.

»Wie war der Weg?« »Gut.« »Haben Sie gut hergefunden? Haben Sie Ihren Co-Bewerber kennengelernt?« »Er wollte für sich bleiben. Wir haben also nicht geredet.« »Seine Entscheidung, was soll man sagen«, seufzt sie. »Na gut. Beginnen wir.« Ich nicke. Jetzt ein bisschen Aufregung. Jetzt nur ein kleines bisschen Aufregung. »Ich werde Ihnen eine Situation aus Ihrem Leben schildern und Sie müssen beschreiben, wie Sie sich verhalten haben und wie Sie sich jetzt, aus der Retrospektive, lieber verhalten hätten. Wenn Sie sich nicht mehr erinnern können, versuchen Sie bitte, Ihr Verhalten zu schätzen. Das ist ein Persönlichkeitstest, entspannen Sie sich, es gibt keine falschen Antworten. Sie sind hier richtig.«

»Danke. Ja. Ich werde mich bemühen.« Klang das aufgeregt?

»Also. Sie sind in der neunten Klasse. Der Sommer steht vor der Tür, der Götterbaum vor Ihrem Klassenzimmer ist kurz davor, sechzig Meter hoch zu erreichen, eine beachtliche Größe! Sie sind nervös. Es ist nicht lange her, dass Sie angefangen haben, sich ernsthaft mit sich und Ihrem Umfeld auseinanderzusetzen, Sie sind sich sozusagen selbst bewusst geworden. Eine aufregende Zeit. Sie sitzen auf der hintersten Bank, obwohl das für Sie eher untypisch ist. So weit richtig?«

Ich nicke wieder. Während sie redet, versuche ich, mal den Raum, mal ihr Gesicht zu betrachten, kann mich aber nicht konzentrieren.

»Neben Ihnen sitzt Ihr Banknachbar. Wie ist sein Name?« »Benny?« »Richtig. Wissen Sie, was Benny jetzt macht?« »Nein.« »Er ist Arzt.« Sie zwinkert mir zu. »Wie dem auch sei. Sie sitzen neben Benny, Sie sind seit der Grundschule befreundet. Die Sonne hat den Klassenraum stark erhitzt. Ihre letzte Stunde ist Französisch.«

Erwartungsvoll schaut sie mich an. Ein drittes Mal kann ich nicht nicken, deswegen ziehe ich leicht meine Brauen zusammen. »Geht es Ihnen gut?«, fragt sie. »Haben Sie heute meditiert?« »Nein.« Wieder lächelt sie verständnisvoll. »Na, wie Sie wollen, es ist Ihr Leben. Also, Sie sind im Klassenzimmer, Französisch, Frühsommer, Benny. Da fühlen Sie etwas. Was haben Sie gefühlt?« »Ich weiß es nicht mehr.« »Sie haben sich fehl am Platz gefühlt. Richtig? In der Welt fehl am Platz. Das haben Sie Ihrer Mutter erzählt, erinnern Sie sich?« »Das kann sein, ja, das kann sein.« »Sie sind ein toller Mensch, wissen Sie das?«, sagt sie plötzlich. Am liebsten hätte ich jetzt wieder genickt. »Sie sind schon längst eingestellt. Wollen Sie noch etwas dableiben, wir trinken zusammen einen Tee. Ich habe gerade nichts zu tun.«

Also bleibe ich noch etwas da und wir trinken einen Tee. Wir plaudern, sie erzählt von der Firma (der Name ist mir gerade entfallen), irgendwann fangen wir an, über Bücher zu reden. Sie springt auf und geht wieder ins Foyer, um dort ein rotes Taschenbuch zu holen. In weißer Schrift steht darauf der Titel: *Die letzten Monate vor der Singularität habe ich Blumen gepflückt.* Ich versuche, nicht an meinen FEIND zu denken, der sich den Weg hierher hätte sparen können, weil schon vor Wochen feststand, wer den Job bekommen würde. Aber heutzutage legen die Menschen eben Wert auf echtes Versagen.

Als der Tee zu Ende geht, atmet meine Interviewpartnerin kurz ein und aus, klopft leicht auf den Tisch und sagt sehr deutlich: »Hat mich sehr gefreut.« Ich frage sie, ob sie Lust hätte, sich ein weiteres Mal zu treffen, aber sie lehnt lachend ab. Sie weiß es besser.

Im Foyer meide ich seinen Blick und gehe direkt an die Luft. Ich hab einen neuen Job, die französische Begleitung fängt an, Glückwunschbriefe meiner Freunde vorzulesen, inklusive Akzent und Kratzen in der Stimme. Wie ist mein Telefon eigentlich heiser? Fünf Sterne, eindeutig. Fünf verdammte Sterne. Auf dem Weg zurück zur Metro kaufe ich eine Zigarette aus dem Automaten und zünde sie am Automaten an. Es ist immer noch etwas kühl. Nicht so wie in dem Frühsommer in der neunten Klasse, an den ich mich kein bisschen erinnern kann. Ich höre Schritte hinter mir. Der Feind läuft zielgerichtet auf mich zu und streckt die Hand aus. »Glückwunsch. Ich hab mir schon gedacht, dass es bei mir nichts wird. Ich hab mich in letzter Zeit etwas gehen lassen.« »Passiert«, sage ich und werfe den Zigarettenstummel in die Öffnung, die sich seitlich am Automaten befindet.

Betrug

Was viele nicht wissen, ich habe seinerzeit auch bei meiner Bachelorarbeit geschummelt. Es war im schönen Münster, wo ich am Ende meines Doppelbachelors in Kunstgeschichte und Soziologie mich dafür entschieden habe, mich in Kunstgeschichte prüfen zu lassen und Soziologie als reines Hobby oder auch pur passe-temps zu betreiben. Meine Arbeit drehte sich letztendlich um die Benutzung einer gewissen Farbe in den Gemälden der argentinischen Malerin Camila Fernández, was diese Farbe im Kontext des Bildes aussagt, wie sie benutzt wird, was sie bedeutet und, der spannendste Punkt, woher sie diese Farbe hatte. Es gab nämlich einige Aufzeichnungen darüber, dass Camila regelmäßig ihrem Haushasen Sebastian Rodríguez das Ohr abknickte und ein Tröpfchen des Hinterohrbluts als Ausganspunkt für ihre Farbe nahm und sie letztendlich auch vermischte. Zumindest schrieb sie das so in ihren Tagebüchern. Lange Rede kurzer Sinn, ich habe neben der theoretischen Arbeit über Schaffen, Biografie, Werkgenese und so weiter, versucht mit rein digitalen Mitteln diese Farbe nachzumachen und den Farbcode zu finden. Wir hatten so eine Fakultät, ich denke es lag daran dass viele unserer Dozenten und Dozentinnen selbst gescheiterte Maler waren, jedenfalls erhoffte ich mir von diesem praktischen Teil hohe Punktzahlen. Wie dem auch sei, ich habe nicht, wie in der Arbeit angegeben mit Berechnungen, Farbenlehre und Simulation die Farbe gefunden, sondern hab meinem Kommilitonen Markus das Ohr blutig abgeknickt und ein Foto davon gemacht bei dem ich dann das Pippetenwerkzeug benutzt hab. Dafür hab ich ihm auch bei seiner Bachelorarbeit geholfen in Physik. Ich musste viele Gewichte vom Rand der Stadt abholen. In Münster haben die Menschen außenrum in den Autowerkstätten viele Gewichte rumliegen. Die hab ich dann mit dem Auto abgeholt. In der Woche in der wir beide unsere Noten bekommen haben, ich am Montag und er am Freitag, sind wir zusammen in die Bar gegangen um zu feiern. Er hatte noch ein Pflaster hinterm Ohr. Da kam eine Kommilitonin von ihm zu uns an und sagte, mein Gott Markus, was hast du denn gemacht. Und bevor er was antworten konnte hab ich gesagt, er hat mir geholfen bei meiner Bachelorarbeit zu schummeln. Das war das schlechte Gewissen was ich schon damals hatte. Hab ich ja immer noch.

Kommunikation

Kommunikation kennt ihre Grenzen. Ich sage nicht alles, behalte etwas für mich. Wer kennt den stillen Moment zwischen zwei kleinen Bächlein. Wodurch ein Fisch geht, mit scharfen Zehen? Ich kenne dieses Moment zu gut. Wenn ein Wort stecken bleibt im Hals und, was dann rauskommt, nur ein stiller Sieg ist? Ja, das war mir von Anfang an klar. Ich erinnere mich – zum ersten Mal mit meinem Vater auf dem Jahrmarkt. Was wir gestaunt haben über die großen Buden und die großen Zucchinis, die verschiedenen Gesichter der Leute. Bis ein großer Hahn, rot, orange, schwarz, weiß, da herumlief. Was er verkaufte, ob Nüsse? Auf dem Rückweg klackerte mein Kiefer auf dem alten Wagen meines Vaters. Wir sagten nichts den ganzen Weg. Nur zu Hause erzählten wir alles der Mutter, wie schön wir gefahren sind. Am nächsten Tag fand ich eine neue, schöne, duftende Packung Spielkarten unter meinem Bett. Ich machte sie auf und lief zu meinem Vater, um mich zu bedanken, aber er war schon weg. Auf dem Feld, bei der Arbeit. Ich hatte ja Samstag frei, um mich den Studien zu widmen. Stattdessen ging ich runter an den Fluss und schaute mir meine neuen Spielkarten an. Da staunte ich, im Fluss allerlei Gesichter und Gespenster zu sehen. Da war ein Teufelchen, das über das Flussbett lief, da war ein gespenstischer Aal, der umherkroch, da waren Affen und Schweine und sogar das Gesicht meines kleinen Bruders, der im Kindsbett gestorben war. Was einem für allerlei Unfug in den Schädel kommt, wenn man zu lang an der frischen Luft ist. Dann ging ich zum Baum und schaute mir die Äpfel an. Ja, das sah noch nicht reif aus. Ich nahm meine neuen Karten mit und wanderte lange übers Feld, bis zum Mittag. Wäre es nicht besser gewesen, etwas zu lernen in der Zeit? Wer weiß. Die Mathematik geht nirgendwo hin, dachte ich mir, aber die Felder wachsen jeden Tag. Ole sagte zu mir, die Mathematik wächst auch jeden Tag. Irgendwo in einer weit entfernten Stadt findet ein Wissenschaftler eine neue Zahl und die geht dann bis zu uns. Ob das stimmt? Ich ging langsam wieder zurück nach Hause und spielte gedankenverloren mit meinen neuen Karten. Die Damen und Buben sahen aus wie die Herren und Damen auf dem Jahrmarkt. Ob es auch eine Karte mit dem großen rot-orange-schwarz-weißen Hahn gibt? Wenn der Himmel sich mit einer dunklen Decke bedeckt und wenn ich schlafen gehe, kommen die Figuren aus dem Fluss wieder zurück und ruhen sich in meinem Zimmer aus, umkreisen mich und fragen mich, ob sie auch zu dem Jahrmarkt mitdürfen, aber sie dürfen nicht, sie müssen im Fluss bleiben oder allenfalls in meinem Zimmer, zum Feld dürften sie, aber wollen nicht mithelfen, das verstehe ich gut, will ich ja auch nicht.

Ein Empath fährt zur Counterculture Hall of Fame

Ich werde als Empath zur Counterculture Hall of Fame in Amsterdam fahren, um zu sehen, worum der ganze Fuzz ist. Mein Gott, im normalen Leben komme ich gar nicht durch den Tag wegen der Schwingungen. Ich meine, mein Gott. Das ist nicht mehr normal. Durch eine Bahn zu gehen, ist schon schwer. All die Hunde, die von den Tennisbällen träumen, und dann die Menschen, die ich das »Prekariat« nenne. Sie haben so dermaßen viele Sorgen. Ich bin als Empath meist überfordert, meist geschwächt und erniedrigt, gedemütigt und gebeugt. Fahre ich im lauen Frühling durch die Stadt, fliegen von überall her Emotionen auf mich ein, in etwa wie zu einer Motte, die sich inmitten von sehr vielen Torten wiederfindet, sie riecht die Aprikosentorten, Kirsche. Ich habe mich schon immer für counterculture interessiert. Ob es die Beats waren, the Doors, the Sex Pistols, die alten Jazzer aus New Orleans oder Grunge, die Kiffer, Normcore, Astrocamper, Goths und Satan-Anbeter, die ich oft vor dem Comic Kombo sah. Die Energien, die von diesen Netzstrumpfhosen und Ohrringen ausgingen, von diesen Korsetts. Ich war überfordert. Ich werde mir einen Zug oder Bus nach Amsterdam buchen. Ich werde da hinfahren. Und ich werde allein fahren, ich werde jemanden kennenlernen in Amsterdam. Ich werde durch den weedshop laufen und alles erkennen, die ganzen Vibes der counterculture, auf der Suche nach vibes wie der

Kerl von das Parfüm auf der Suche nach Parfüms. Ich steige in den Bus ein und sofort wird mir schlecht. Ich setze mich ans Fenster und lehne meinen Kopf dagegen, aber die Scheibe wackelt zu sehr. Davon wird mir noch schlechter. Neben mir sitzt ein dicker Typ und ich nehme seinen Vibe auf. Er schwitzt, ihm ist schlecht. Genau wie mir. Ich denke, er ist Inder. Er will nach Rotterdam, denke ich, Amsterdam ist ihm zu mainstream. Er will weit weg von seiner Frau, die grad ein Kind bekommen hat. Er mag ihren Atem und ihren Körper nicht mehr. Er will nur noch weg. Seine Oma hat ihn verprügelt. Mit dem Stab. Verdammt, der Arme. Jetzt schaut er mit seinen Kopfhörern eine Talkshow. Jesus Christus, mein armer Freund. Er hat keine Ahnung, dass ich das alles weiß. Er kann mich nicht durchschauen. Aber ich bin bei dir. Ich stehe dir bei. Wenn ich den vibe der counterculture aufgenommen habe, werde ich vibrieren, sodass alle Empathen der Welt den vibe aufnehmen werden und zusammen eine neue Welt erschaffen. Jenseits von allem, was falsch lief. Ich bin eingeschlafen und schrecke aus dem Dunkel auf. Zack, auf einmal bin ich wieder mittendrin. Der Bus steht an einem hässlichen Busbahnhof, der Fahrer steht draußen und raucht, ich drücke meine schöne Nase an die Scheibe und suche mit den Augen einen Shop, wo ich mir Stärkung holen kann. Wie von selbst gehe ich zum Kiosk, hole mir Bifi, hole mir Tuc-Kekse, hole mir eine Zeitschrift. In der Zeitschrift sehe ich junge Leute, die die Welt verändern werden, die besten Unis zum Studieren, das queere DJ-Duo, das die

Dub-Welt auf den Kopf stellen wird. Dub-Welt, das gefällt mir. Sobald der Bus losfährt, muss ich aber die Zeitschrift weglegen, denn mein Magen meldet sich wieder. Ein weiteres Mal lasse ich meine empathischen Fähigkeiten durch den Bus wandern. Wie schon so oft. In Schulklassen, in Büros, an Familientischen. Wenn sie nur wüssten. Die Ängste. Das sind alles Mikroausdrücke, die ich lesen kann. Am Fenster ziehen endlose Bäume vorbei. Seit wann ist hier so viel Wald? Interessant, hab letztens gelesen, dass sich der europäische Wald wieder erholt. Soll er, der Gute. Erhol dich gut. Wieder versuche ich einzuschlafen, es klappt allerdings nicht und ich lege nur mein Kinn fast auf die Brust, komme nicht ganz ran und gehe mit der Stirn an die vordere Lehne. Acht Stunden noch. Acht Stunden nach Amsterdam. Und dann in den Shop. In den Kiffshop. Mag ich Gras? Nein, kein bisschen. Nur ein Mal mochte ich Gras. Als wir vom Koksen vom Strand kamen. Ich hatte nicht gekokst, mein Kumpel aber. Wir kamen in seine Wohnung und da war sein Mitbewohner. In einem perlweißen Anzug, in der Hand ein Jeff. Er hat aufgelegt, sodass die ganze Wohnung bebte. Da seid ihr ja wieder, hatte er da gesagt. Und dann tranken wir ein Bier auf Ex. Als ich wieder aufwache, sind es nur noch 6,5 Stunden, na ein Glück. Den Rest der Zeit warte ich nur und tatsächlich kommen wir irgendwann in Amsterdam an. Die ganze Stadt ist voll von Wasser. So habe ich mir Venedig vorgestellt. Überall sind Touristen und Shops und Massen, aber das ist mir alles egal. Das ist nur eine Stadt, nur eine normale

Stadt unter vielen. Es geht mir aber um was Ewiges. Nicht Ewiges, aber zumindest Universelles. Ich will dorthin, wo der Cannabis-Cup stattfindet. Er findet aber gerade nicht statt, was gut ist. Ja, Cannabis ist ein gutes Vehikel, um die counterculture voranzubringen, es bringt diese ruhigen und nachdenklichen Vibes in die Runde. Es hilft Menschen, die nicht so empathisch sind, auf diese Wellen einzusteigen. Aber es ist nur ein Mittel. Es kann leicht geändert werden. Die mainstreamculture betäubt, hence die Erfindung von Valium, Oxycodon. Die counterculture öffnet die Augen, mit Cannabis oder sei es mit Meditation und anderem. Das ist alles wichtig, das ist alles Teil davon. Ich gehe aber nicht zum Cannabis-Cup, der interessiert mich nicht. Nur im Rahmen des Cups wird jedes Jahr eine neue Persönlichkeit in die Counterculture Hall of Fame aufgenommen. Mal ist es Bob Marley, mal William Borroughs, mal The Greatful Dead. Und dazu wird immer eine Dokumentation gezeigt. Einer, der sogar aufgenommen wurde, war Coke La Rock. Der erste MC. Er hat unsichtbar gerappt bei den Partys mit Kool Herc. Er hat sich versteckt und von da gerappt. Rock the Boat. Rock the House. Solche Sachen. Man, ich werde komplett aus dem Häuschen, als ich nur daran denke, dass ich fast die Schwingungen der Amsterdam-Touristen nicht aufnehme. Die einen auf der Suche nach Prostituierten, die anderen nach Gras, die dritten nach farbigen oder leuchtenden Jojos, manche suchen ihre verlorenen Freunde oder Eltern, manche wollen ihre Erasmus-Liebe aus Barcelona mit einer Geschichte beeindrucken. Ich gehe eine Weile hinter einem Paar, wobei ich folgendes Gespräch mitbekomme: »so you know in Romania we don't trust them any more and it is so bewildering for us if we hear people here being like anti capitalist you know we just want a free economy, do you understand, we are tired of the old corrupt, socialist ...« Ich biege ab, aber der Gedanke bleibt noch etwas mit mir. Also nicht der Gedanke, sondern eher das Gefühl. Unter jubelnden Jugendmassen wird eine alte Lenin-Statue runtergerissen, wohin sich ein Dunkin Donut gesellt. Auch so kann es gehen. Aber nicht das ist der Grund. Ich fühle mehr, als ich verstehe. Ich bin kein Held, kein Bürokrat. Ich bin Empath. Ich komme immer näher an den Coffeeshop, wo die Auszeichnungen hängen. Dort soll es einen geheimen Raum geben. Ich sehe ein Hard-Rock-Café und eine Bäckerei, in der Bäckerei kaufe ich mir Teigtaschen. Aber damit kann man keine Zeit verschwenden. Es geht um das Wesentliche. Ich gehe nicht in das Hard-Rock-Cafe und benutze auch keinen wertvollen Gedanken an es. Nicht mal meine empathischen Klauen stecke ich in den Laden, na gut, etwas weht doch rüber. Hohlheit, Lächerlichkeit. Da ist er. Der Laden namens »The Weed and The Beat«, in dem im Jahre 1997 Steven Hager den Wettbewerb gegründet hat, wegen dem ich hier bin. Ich habe den Mann gegooglet. »I documented hip hop's birth, founded the Cannabis Cup and unveiled the JFK and Lincoln assassinations. I'm currently working on the Battle of the Apes on Wa ...« auf seinem Youtube-Channel. Die letzten Videos haben unter 60 clicks, das letzte 6. Ich hätte nicht so viel Würde erwartet. Hätte nicht gedacht, dass er sich so gut hält. Aber gut. Auch um ihn geht es nicht. Innen ist es braun und riecht nach Weed. Ein paar Leute laufen umher, schauen sich die Tafeln an. Viele tragen grüne Netz-Cappies, ärmellose Shirts, Sonnenbrillen auf der Stirn. Marihuana. Das grüne Gold. Ich schaue mir die Tafeln an. Sie hängen überall. Da ist Bob Marley, da ist Stephen Gaskin, auch ein Hippie, und da sind die Beats. Super. Ich lese die Tafeln. Da höre ich ein Geräusch. Eine Art Maus scheint unten gegen die Wand zu kriechen, aber von innen. Sie scrabbelt mit den Pfötchen gegen das Holz. Ich schaue mich um. Natürlich nehme nur ich es wahr. Wen überraschts. Ich gehe langsam und vorsichtig runter und höre mit dem Ohr hin. Die Maus sagt in ruhigem Ton: »LSD wurde von der CIA erfunden, um den Protest zu entpolitisieren und die Organisationsfähigkeit zu untermauern«, du scheinst viel über die counterculture zu wissen, Maus, denke ich mir. »Triff mich hinter dem Weedshop und ich erzähle dir noch mehr«, tönt es in meinem Kopf. So, das ist die Gelegenheit, denke ich mir. Werfe noch einen letzten Blick durch den Raum, schaue auf die ordentlichen Haare der Weedköpfe, ihre entspannten Stirne und schaue noch mal über die Alten auf den Plakaten, wer war Marine, wer war Militär, wer hatte reiche Eltern, wer nicht, und gehe zum Hinterausgang. Als ich rausgehe und zurück auf den Straßen von Amsterdam stehe, schaue ich mich um. Dann blicke ich auf den Boden. Noch ist nichts von der Maus zu sehen. War das ein Trick? Nein, da ist sie. Die Maus beginnt, mental mit mir zu sprechen. »Pass auf. Diese ganze Show ist ein Trick. Nicht mehr. Das High-Times-Magazine wurde mit illegalen Einnahmen finanziert. Aber wie illegal waren die Einnahmen? Das Geld wurde hauptsächlich von Undercover-Agenten verdient. Sie waren die treibende Kraft hinter dem Handel, die Radikalsten, wie bei den Panthers. Dann wurde das Geld investiert, damit Playboy-Mag ausgestochen wird. Was denkst du, war es ein Zufall, dass Jerry Woe, Kyle Mannis und Aron Sedwick zusammen in demselben Lofft gewohnt haben? Zwei der drei waren später mit dem Anwalt involviert, der Lee Harvey Oswald verteidigt hat. Der Vater von Jerry Woe, Liu Woe, war an MK Ultra beteiligt. Und sein Sohn wird Weed- und Free-Love-Aktivist?? Hör genau zu. Dave Clinton hat in den 60er-Jahren in derselben Kommune gewohnt wie Simon Whales. Simons Schwester war die Geliebte von Acid Emperor, noch bis spät in die Siebziger hinein. Als Acid Emperor die Institution gründete, die dann zur Anlaufstelle für viele Generationen von Acid-Usern wurde, was denkst du, wusste er nichts davon, was der Bruder seiner langjährigen Freundin gemacht hat? Oder denkst du, er wusste es und es war ihm egal? Damals gings jedem um sein eigenes Fell. Aber seien wir ehrlich. Wie wahrscheinlich ist es, dass man mit einem Menschen JAHRZEHNTE lang Donuts essen, um die Ecke leben und ununterbrochen darüber reden kann, wie der Mensch seine Umgebung wahrnimmt, und nicht wissen, dass er für die CIA arbeitet, dass er Leute verpfiffen hat, die sich in die Sovjetunion absetzen wollten, dass er an Interventionen beteiligt war auf 3! Kontinenten. Das soll man nicht wissen? Aber gut.« Meine Augen sind weit aufgerissen. Ich habe die Hälfte nicht verstanden. Ach was, die Hälfte. Ich habe fast nichts verstanden. Ich kenne die meisten Namen nicht, obwohl ich bisher dachte, mich mit der Thematik eingehend beschäftigt zu haben. Aber ich fühle. Ich fühle die Maus. Die Enttäuschung und die Wut, das Geheimnis. Das Gefühl, hinter jeder Abzweigung ist eine neue Abzweigung. Ich höre dir weiter zu, Maus, ich höre dir weiter zu. Wo geht das Ganze hin? Die Maus scheint auch ein Empath zu sein, denn sie versteht ohne Worte. »Das ist alles Quatsch. CIA-assets, sonst nichts. Da kann man genau so gut zur Grillparty gehen. Wenn du willst, zeig ich dir die wahre counterculture. Die Männer und Frauen, die«, die Maus hustet trocken, »das Herz wirklich am rechten Fleck haben, sich nicht kaufen lassen und immer für ihre Idee einstehen, sind nicht weit von hier. Ich kann es dir zeigen, wenn du willst.« Ich folge der Maus zu einem unscheinbaren Gebäude. Dort steigt sie unter der Tür hindurch und ich komme ihr nach. Wir betreten ein Gym, in dem glatzköpfige Männer mit SS-Tattoos und schwarzen Adlern Gewichte stemmen. Oh mein Gott, denke ich mir. Aber die Maus scheint noch weiter zu gehen. Na ja, denke ich mir, als ich durch das Fitnessstudio gehe. Der nächste Raum, den ich betrete, ist komplett dunkel. Ich suche den Lichtschalter, aber finde ihn nicht. Meine Augen beginnen, sich jedoch an die Dunkelheit zu gewöhnen, und ich sehe einen roten Vorhang. Ich setze mich einfach auf den Boden und warte. Die Maus ist nirgendwo zu sehen. Dann öffnet sich langsam der Vorhang und ich beginne zu erkennen, was sich dahinter versteckt. Und tatsächlich, es ist ein Puppenmechanismus. Und was spüre ich an diesen Puppen? Sie sind empathisch. Es sind keine echten Puppen, sondern es sind Menschen. Die da sitzen und die Teile des Mechanismus bewegen. Und all diese Menschen sind Empathen. Das sehe ich an ihren Augen. Es beginnt eine leichte Zirkusmelodie. Aus den Lautsprechern tönt jetzt die Stimme der Maus: »Siehst du das? Das sind Empathen. Genau wie du. Wer fing den Speer mit den Zähnen, der auf König Salomon flog? Wer holte den kleinen Moses aus dem Fluss, als er schutzlos durch den Nil trieb? Es waren die Empathen. Nur die Empathen spüren die Schmerzen dieser Welt, nur die Empathen können sie heilen.« »Aber ich verstehe nicht«, sage ich jetzt laut. Die Empathen lächeln mir zu. »Es ist ganz einfach«, sagt die Stimme der Maus, »die Empathen sind die wahre Gegenkultur, weil sie etwas spüren. Die mainstream-Kultur spürt nichts. Deswegen produziert sie die ganze Zeit Geheimagenten und Valium, Kriege und große Depressionen. Weil sie nichts spürt. Aber ihr Empathen spürt alles und deswegen könnt ihr diese Welt heilen, deswegen könnt ihr sehen, was vor sich geht.« Ich vibriere. Der Boden unter mir fängt an zu wackeln wie ein Flugzeugträger und ich falle zu Boden. Dann wird alles dunkel und das Letzte, was ich mich frage, ist, warum sie in einem Puppenspiel sind. Ich verstehe es nicht. Warum müssen diese Empathen in einem Puppenmechanismus sitzen? Als ich wieder zu mir komme, bin ich am Busbahnhof. Ich schaue auf meinem Handy und es ist Abend. Verdammt. Na gut, dann kann ich wohl nach Hause fahren. Wir Empathen sind also die wahre counterculture und die anderen sind alle nur Doppelagenten und mind control. Na ja, auch kein schlechter Ausgang. Ich kaufe mir ein Ticket und setze mich in den Bus. Ich fühle mich seltsam leicht, aber auch leer. Als hätte ich den ersten Preis gewonnen. Aber jetzt. Es gibt ja nicht den nullten Preis. Den gibt es leider wirklich nicht. Es gibt nicht den nullten Preis. Auf dem Weg nach Hause schaue ich die ganze Zeit aus dem Fenster und sehe wieder nur Bäume. Wann holzen sie das Ganze ab und machen stattdessen nukleare Plantagen hin? Zu Hause komme ich in einer wirklich schlechten Laune an. Verdammter Hund, denke ich mir. Mein Hund hat die ganze Zeit auf mich gewartet. Sein schönes rotes Fell glänzt in der untergehenden Sonne und ich schaue ihn stillschweigend an. Ich denke, er versteht mich, denke ich mir. Er müsste mich verstehen. Sagt aber nichts. Versteht alles und sagt nichts. Ich gieße etwas Wasser in seine Schale und setze mich auf den Balkon. Irgendwann müsste meine Mitbewohnerin kommen, sie arbeitet als Krankenschwester in einem Krankenhaus. Als sie da ist, setzen wir uns auf den Balkon und sie macht einen Jeremy an. Ich trinke nur einen Tee. »Und was ist letztendlich in Amsterdam rausgekommen?«, fragt sie mich, während die Glut zur Mitte des Joachims glänzt und die schönen Häuser langsam im Dunkeln der Nacht verschwinden. »Ich hab dann mit einer Maus geredet. Und dann hat sie mich durch eine Nazi-Gym zu einem Raum gebracht, wo ganz viele Empathen in einem Puppenmechanismus sind. Und dann hat sie mir gesagt, dass wir Empathen die eigentliche counterculture sind. Weil wir so empfindlich sind.« »Ach so. Bei mir auf Arbeit musste ich heute meine Kollegin vertreten und deswegen bin ich erst jetzt da.« »Ach so.« Zusammen schauen wir in den Sonnenuntergang und ich denke daran, wie blöd jetzt alles sein muss und ob ich jetzt die Verantwortung für das Ganze hier habe. »Sag mal, denkst du, ich habe jetzt die Verantwortung für das Ganze hier?« »Für was Ganze?« »Für den Widerstand und die counterculture und so.« »Nein, denke nicht. Am Ende ist jeder Protest ja nur eine weitere Stufe, die einen Gegenprotest hervorruft. Und auf welcher Stufe man ist, ist nur eine Frage der Zeit. Irgendwann wird sich das dialektisch einpendeln, denke ich.« »Aber meinst du nicht, dass es etwas gibt wie den universellen Geist des Widerstandes? Der vibe der counterculture?« »Ich weiß nicht. Vielleicht, ja schon.« Dann küssen wir uns und die Sonne geht unter und ich nehme den vibe von ihr auf, nämlich dass sie große Angst hat und von mir eingeschüchtert ist und dass sie es toll findet, wie gut ich küssen kann, dass sie mir alles verzeihen würde und dass ich alles schaffen kann. Und später, als wir (glaube ich) gemeinsam kommen, da spüre ich den ganzen Vibe der Welt und denke an die Maus. Als ich wieder erwache, ist es 12 Uhr und der halbe Tag ist schon vorbei. Ich gehe zum Kiosk und hole mir eine Zeitung und eine einzelne Zigarette, das ist nämlich der einzige Kiosk, wo das noch geht. Über den Tag verteilt spüre ich überall in der Stadt diese komischen, düsteren Schwingungen, diese anderen Momente, diese Fragen, die sich wie eine Schlingel durch die Stadt an mich ranschleichen, diese dämonischen Mächte, die sich durch die Kanalisationen vorbei an den Ninja Turtles zu mir her ziehen und ich fühle mich mit meinem Gesicht in der Zielscheibe von der Dartscheibe. Zum ersten Mal klingelt es gegen sieben, ich bin gerade dabei, Möhren zu schneiden. Ich gehe hin und nehme den Hörer ab, aber da ist niemand. Dann gehe ich zurück zu meinen Möhren und schneide weiter. Dann klingelt es noch mal, ich will es erst ignorieren, gehe aber dann doch hin. Es sind einige Menschen, die vor der Tür stehen, und sie sagen, sie würden mit mir sprechen wollen. Ich will aber nicht mit ihnen sprechen. Ich interessiert mich nicht dafür, was sie sagen würden. Ich weiß, es könnte jetzt ein übernatürliches Abenteuer beginnen, in dem ich mit den CIA-Dämonen rede und sie mich versuchen zu korrumpieren. Ich könnte lügen und kämpfen und lieben und so weiter. Ich könnte mich an die Maus wenden, ich könnte ein weiteres Kapitel in der Geschichte der counterculture aufschlagen. Aber etwas Komisches ist mit mir seit gestern passiert. Ich bin apathisch geworden. Langsam verschwindet mein Interesse an der ganzen Angelegenheit. Ich will nicht mehr viel davon wissen.

Gestern bin ich so gewesen, ja. Und ich schäme mich auch nicht dafür. Aber heute? Ich gehe einfach nicht an die Tür. Sie klingeln und klingeln. Und ich schneide einfach meine Möhren weiter. Und versuche, die Situation Schritt für Schritt aufzunehmen. Hier sind die Möhren. Hier ist mein Finger. Hier könnte ich reinschneiden und könnte dafür dann ein Pflaster holen oder, wenn ich zu stark reinschneiden würde, müsste ich den Krankenwagen holen. Dann würde ich ins Krankenhaus fahren und dort würde mein Finger dann wieder zusammenwachsen. Dann wäre ich wieder zu Hause. Meine Freunde würden mich fragen, was hast du da gemacht? Und ich würde sagen, ich habe mir in den Finger geschnitten. Dann würden sie ein Geräusch machen und sie wären wieder dran mit reden. Und das ist okay. Und mein Finger würde in der ganzen Zeit weiter und weiter verwachsen und verwachsen, bis nur noch ein leichter weißer Streifen übrig wäre. Und ich würde ihn sehen und mich erinnern, das war einen Tag nachdem ich nach Amsterdam gefahren bin. Das schöne Amsterdam. Vielleicht hätte ich mich mehr in der Stadt verlieren sollen. Die Coffeeshops abklappern, mich an einem Kanal kaputtlachen. Es gibt ja mehr im Leben als bloß die mainstreamculture und die counterculture. Es gibt noch den Tag und die Nacht. Ach was, es gibt auch diese Möhre hier vor mir. Genau diese Möhre. Und die kann man schneiden. Zack. Und die Streifen oder Fasern der Möhre stechen noch aus beiden Seiten raus. Und vielleicht ist es gar nicht so schlimm oder egal, dass die CIA hinter allem steckt, weil ob Gott oder die CIA nun hinter allem steckt oder die Atome und Moleküle. Ich bleibe einfach nackt im Bad stehen und das Wasser läuft auf mich drauf und es ist nur Wasser. Einfach nur das Wasser. Hinter den Menschen stehen andere Menschen und hinter den anderen Menschen stehen andere Kräfte und hinter denen stehen Gehirne und hinter denen steht Biomasse und Elektroimpulse. Und ich bin nur ein einfacher Empath. Aber was ist eigentlich ein Empath? Ich hab die Leute ja gar nicht gefragt, ob es ihnen so geht, wie ich denke. Wahrscheinlich ist das alles Blödsinn. Und warum war ich dann bei der Maus? Vielleicht war ich gar nicht bei der Maus. Vielleicht war ich im Coffeeshop, wurde passivhigh und bin nach Hause gefahren. Und vielleicht sind wir gar nicht zu zweit gekommen mit meiner Mitbewohnerin, sondern nur ich alleine. Und was würde das bedeuten? Das würde gar nichts bedeuten. So wie gar nichts irgendwas bedeutet. Was sind schon Gefühle oder Vibes. Das ist alles Teil einer großen Sonne. Ob man jetzt auf der Boss-Grillparty sich mit Tequila und Bier besäuft oder im Van mit Gras und LSD oder im Keller mit Lachgas und Schuhlack. Am Ende stehen wir alle morgen wieder auf. Und manche stehen nicht wieder auf. Gehen ins Grab. Auf direktem Weg. Und dann wars das. Wir sind doch alle nur eine große Kultur. Es gibt keine counterculture und mainstreamculture, ich hasse diese ganzen Trennungen. Wir müssen alle eine Familie sein, eine Menschheit. Und am Ende wollen alle dasselbe. Ich will dasselbe. Ich bin ein in sich gekehrter Empath. Ich bin eine Scheibe. Ich bin das Ende von allem. Ich bin nur eine Haarbürste, ich bin nur ein Ypsilon. Und ich öffne die Türen nicht, die ich nicht öffnen will. Und ich sterbe, wenn ich sterben muss. Und ich bin kein Deut mehr, als es nötig ist. Ich bin die Vergangenheit und Zukunft. Ich bin ein sich selbst bewegender Teil einer Erinnerung. Und da ist diese Möhre. Bleib in der Luft, genau wo du stehst. Bleib unabhängig. Such es dir nicht aus, von wo du stark bist. Speicher dich und ruh dich aus. Bleib entspannt. salpare non sopportare oltre prenditi nello stile del meglio del peggio dei semi dell'ellen des horror birra troppo poca birra forte come l'ho presa dovrebbe essere presa e cosa vogliono dirmi i papiri lo so ora e ora cosa sorridono le montagne e cosa dicono le montagne, cosa raccontano le gocce del fiume, come sparisco immensamente, smantello e vedo come colpisco e la gente non vuole sapere cose del genere senza saperlo. Wohin kann die Reise noch gehen? Es geht theoretisch immer noch einen Schritt weiter für diesen tapferen Empathen. Denn der Empath ist in aller Praxis ein Mensch. Und was soll er sonst sein? Er ist menschlicher als alles, was man sonst so kennt. Er ist der humano centralo. Er geht immer einen Schritt weiter, wo du stehst. Und manchmal macht er dabei einen Kreis. Manchmal wie ein Schiff, manchmal wie ein Betrunkener im Schnee und manchmal wie eine Schlange. Man muss nur einen Schritt weiter machen und dann noch einen und so kommen die Menschen an den Horizont. Und da bleiben sie stehen und gehen dann noch einen Schritt weiter. Wie soll es ewig so weiter gehen? Wohin kann es kommen? Diese ewige Bewegung lässt sich nur ertragen, weil man sterben muss. Sonst könnte man nicht gehen. Nicht als 30000 Jahre alter Vampir, nicht als Mensch oder Klensch, nicht als Simn oder Garn, nicht als Sohn, der isst, nicht als Schießeisen oder als Schlagstock, nicht als New York oder New Ork oder Newbws oder als Seeee oder als schimmernder Starr oder als gottverengter Durchzug oder als wenngleiche Stimmung oder als engloser Stoff oder als engstele Ballung oder als Wir. Du und ihr. Und das alles, um der Kultur zu entgehen? Das war nur ein Tag im Leben eines Empathen. Wie willst du mehr schaffen? Was, du hast wirklich das alles geglaubt? Du dachtest, ich wäre hier raus? Wie oft wirst du durchhalten können, bevor du einsiehst, ich bin dir immer einen Schritt voraus? Genau einen. Mehr braucht man nicht. Ich bin einen Schritt voraus. Ich weiß, was du denkst. Ich bin in deinem Kopf. Ich stelle mich nicht an. Ich bin keine Glaswand. Ich bin ein Tänzer. Ich gehe immer voran. Und du tappelst nach. Oder auch nicht. Dein Ding. Tappel nicht nach. Geh deiner eigenen Wege. Aber wenn ich einen Schritt vor dir bin, dann kann das nur bedeuten, du gehst dahin, wohin ich auch gehe. Also was? Kehre um. Sei Goofy oder sei gar nichts. Geh mir einen Schritt nach. Am Ende erwartet dich ein Kuchen. Ein toller, großer Kuchen. Vor dir steht ein Geheimnis. Etwas, womit du nicht gerechnet hast. Vor dir steht ein Trick. Aber nur ein Trick kann auf die Wahrheit deuten. Nur eine doppelte Inversion. Verstehe, wohin die Reise geht. Benimm dich gut! Sonst wirst du nicht mitgenommen. Und steh gerade. Steh verdammt noch mal gerade. Vor dir steht Empath General. Vor dir standen 25000 Zeichen

Verschiedenes

Stehe einmal hinter der Bar und warte auf Kunden. Kommt ein sehr kluger Typ rein und verlangt einen Liter Big-Bang-Theory-Saft. Ich will gerade nach hinten gehen, um ihn zu holen, da kommt mein Chef aus der Küche und erschießt den Mann. Das war ein hochstapler, erklärt er mir später bei einer Zigarette, wäre er wirklich klug, hätte er 1000 milliliter gesagt.

/

Erfinde neue Memorien. Erschaffe neue Fraktale. Finde neue Patterne. Gewinne mächtige Freunde. Schaffe Räume der Überbrückung. Finde innere Geister. Beschwöre vergangene Bündnisse. Nimm den Hunger an. Schlag durch sieben Schlösser. Erstelle diese Vergangenheiten. Bewahre starke Siebe. Eröffne Welten der Möglichkeit. Eröffne starke Ergibe. Ergibe starke Selige. Wir wissen nichts über Geschichte. Wir wissen nichts über das 19. Jahrhundert. Wir wissen nichts über die Ereignisse. Erkenne neue Möglichkeiten. Erkenne neue Stoffe. Erspähe neue synthetische Felle. Erdenke dregen Sege. (Dieser Beitrag wird nur 3 Likes bekommen, benötigt aber 9, um die richtige Audienz zu erreichen.)

/

oder auch diese Story durchgezogen, typen gestalked, rausgefunden, er arbeitet an der Kasse bei Rewe, immer seinen Einkauf nachverfolgt und dann am nächsten Tag bei ihm denselben Einkauf nachgemacht. Er nie was gemerkt, immer nur abgerechnet. Irgendwann ich meinen Einkauf um ein Produk erweitert, er nicht mitgezogen, viele Menschen sind in den letzten Tagen über das Wasser gegangen, welches zugefroren war. Und, denkt ihr, es war ein Zufall? Nein. Es lag daran, dass durch die niedrige Temperatur das Wasser seine flüssige Form verlassen hat und sich in seine feste Form, Eis, verwandelt hat. Eis ist ein fester und kalter Stoff, den man im Winter findet oder im Norden, wo immer Winter ist. Der Norden ist relativ zum Planet Erde. In der Mitte, an den Rändern, ist er warm. Diesen Ort nennt man den Äquator. Er ist 20000 Kilometer lang. An dieser Linie ist nie Schnee, da schneit es nie. Wenn also ein Mensch vom Äquator zum Nordpol oder Südpol fährt, dürfte er überrascht davon sein, wie viel kälter es werden kann. Irgendwann würde er feststecken, es sei denn, dieser Mensch hätte ein Boot, welches die Spitze, auch Bug genannt, aufwärmen kann. So könnte er bis zum Nordpol oder Südpol reisen. Dort würde aber sein Magnet verrückt spielen, da am Nordpol oder Südpol auch starke magnetische Kräfte wirken. Der Magnetismus ist eine unsichtbare Kraft, die die Welt umschlingt mit einer Art Netz. Darauf wirken Eisen, Kupfer und einige Formen von Keramik. Mithilfe von Magneten können Dinge entweder adhesiv oder abstoßend werden.

/

In der WG von Hegel, Schelling und Hölderlin

Morgens am Frühstückstisch

Hegel: oh man Jungs gestern hab ich's echt geschafft ich habe den Weltgeist als totale Form der historischen Wirklichkeit postuliert

Schelling: und ich hab das Mythos als Bewusstseinsform verstanden
Hölderlin: und ich hab gestern eine geile Bitch weggecockt 😌
Schelling und Hegel: Hölderlin bitte achte auf deinen Sprachgebrauch 😠
Und so war es manchmal
/
richtig lange mal wieder im Bett gelegen, gleich aufstehen einkaufen, neue Schulden machen. Ich esse wohl noch ein Sudanesisches Sandwich mit Erdnusssauce und so weiter, die schmecken mir wirklich gut. Dann erstmal raus gehen und die kalte Luft genießen. Um die Nase kann es aber besonders kalt werden. Dann ziehe ich die Maske in der U Bahn an und schon ist es besser. Aber so ganz befriedigend ist das auch nicht. Wieder mit einigen Menschen reden, in die Gebäude eintauchen. Ja, so vergeht ein Tag nach dem anderen

Ein Tag im Leben von Anton Artibilov

Ich hatte ein schulprojekt wo ich einen zugeteilten roman auf eine besondere weise präsentieren musste. Und ich habe mir gedacht, ich werde väter und söhne, das hab ich zugeteilt bekommen in gta 3 darstellen abfilmen und dann vorzeigen. Dann hab ich meinen kumpel eingeladen und wir haben die wichtigsten szenen rausgenommen, dann haben wir es mit den gta 3 figuren nachgestellt, eingesprochen und mit dem camcorder meiner mutter gefilmt. Dann dachte ich, das ist eine Eins. Das ist ja klar. Dann gehe ich damit zur schule mit meinem usb stick und will das in den laptop der lehrerin reinstecken aber es geht nicht. Und sie sagt ok anton das wars letzte chance du kriegst ne 6. Und ich bin komplett sprachlos ich sag zu ihr ist das meine schuld dass ihr computer kein .avi abspielen kann so vielleicht können sie sich einfach einen vlc player zulegen. Aber das ding ist ich habe eh einen schlechten ruf in meiner klasse bei meinen lehrern gehabt und die hat gesagt, ok entweder du reichst den film nach bis heute nachmittag oder du kriegst ne 6 da wird auch nicht drüber diskutiert. Ich gehe dann aus dem raum und gehe nach hause weil ich ja weiß, ich kann mein .avi film in .mp4 umwandeln und dann soll sie schauen. Und das ding ist, wir haben aus rücksicht die blutigen szenen nicht nachgestellt weil wir dachten, ja in der klasse gibts leute die vertragen das nicht so gut oder die lehrerin wird das irgendwie schlecht finden oder so, nein ich wollte alles richtig machen und dann das. Gut ich laufe da lang am rewe vorbei und ich sehe plötzlich wie ein paar Kinder mit 25 cent schokolade auf die wand der sporthalle was kritzeln. Ich denk mir sind die bescheuert mit Essen darf man nicht spielen und ich gehe hin und kann aber nichts sagen weil ich bin nicht dieser Typ, sehe aber wie die Kids alle zusammen an einem großen Bild arbeiten. Man muss sich vorstellen die Wand da ist rau gewellt weil die Wand aufgehen kann und die malen da mit dem braun der 25 cent Ja! Schokolade an einem großen Bild aber ich erkenne nicht was. Und ich frage, hey was malt ihr da, und der Junge sagt zu mir, wir versuchen ein großes Auge weil unser Sportlehrer hat Angst vor Augen. Warum hat der Angst vor Augen, frage ich, und der Junge sagt weil er sein Auge verloren hat bei einem Unfall mit dem Medizinball. Und dann sage ich, aber das heißt er hat keine Angst vor Augen sondern er hat eine schlechte Erfahrung gemacht und will sich nicht daran erinnern. Und der Junge zuckt nur mit den Schultern und dann nimmt er einen Schluck aus der fast leeren bitter lemon 1,5 L Flasche. Ich erzähle ihm, stell dir mal vor ich hab mein Schulprojekt gemacht aber die Lehrerin ist zu dumm um das zu öffnen und jetzt muss ich nach Hause und das umwandeln. Der guckt mich an und sagt: warum machst du es nicht einfach im Computerraum. Und ich denk mir wie dumm kann man sein natürlich ich mach es einfach im Computerraum. Also sage ich danke und frage habt ihr noch so eine Schokolade übrig und der Junge sagt zum malen oder zum essen ich sage zum malen, dann sagt er ja und wirft mir eine halb geschmolzene aus seiner Tasche zu. Ich gehe zurück zur Schule, runter in die Bibliothek wo auch der Computerraum ist, klopfe an. Die Bibliothek ist zugesperrt, ich gehe also ins Sekretariat und klopfe da an. Da drin sitzt die Sekretärin, Frau Latschik. Frau Latschik hat einen großen roten Fleck auf dem Hals, das fällt mir sofort auf. Ich sage ihr: entschuldigung frau Latschik ich brauche den Schlüssel für die Bibliothek damit ich da was umwandeln kann für ein Projekt. Und sie sagt etwas abwesend ja natürlich hier kannst du haben. Aber dann gleich zurück bringen. Ich nehme den Schlüssel und drehe mich zur Tür um und da betritt auch schon jemand das Sekretariat. Ohne zu klopfen kommt ein kleiner stämmiger Mann rein mit Trainingsanzug und geschwollenem, schwarzen Auge, von dem man fast nichts mehr sieht und ein kleines, beiges Pflaster seitlich am Kopf. Oh Entschuldigung sagt er und ich sage nein ich gehe und Frau Latschik sagt Herr Riemann bitte beim nächsten mal anklopfen und er sagt entschudligung und ich gehe durch den Raum an Herr Riemann vorbei, das ist der Sportlehrer, der hat wahrscheinlich den Medizinball ins Auge bekommen, er riecht etwas nach Schweiß. Als ich die Tür hinter mir zu mache, bleibe ich kurz stehen und dann laufe ich auf der Stelle, werde immer leiser. Dann macht aber Herr Riemann die Tür auf, ich kriege fast einen Anfall vor Schreck und falle noch auf die Knie um meine Schnürsenkel zuzubinden. Ich sage, ich bin gleich weg und Herr Riemann guckt mich einfach nur mit seinem gesunden Auge an und nickt abwesend und ich erinnere mich, wie Herr Riemann uns, als ich noch in der 5ten Klasse bei ihm Unterricht hatte erzählt hat, dass er gern in die Finnische Sauna geht und wenn er in Rente geht, wird er wahrscheinlich nur noch in die finnische Sauna gehen. Ich mache meine Schnürsenkel zu und gehe weg, versuche aber zu hören was im Sekretariat noch passiert. Ich öffne die Bibliothek und gehe zu einem der Computer. Da sitzend mache ich erstmal meine Kopfhörer in den aux eingang und starte ein Lied von Linkin Park. Zu diesem Lied suche ich .avi zu .mp4 converter. Und dann denke ich mir, was ist wenn ich diese 6 bekomme und die Frau mich einfach sabotieren will. Sie ist ja erwachsen sie müsste ja wissen wie man Dateien umwandelt. Sie hätte ja einfach sagen können, danke ich wandele es selbst um und dann einfach machen. Aber sie hat mich nochmal weg geschickt. Ist es vielleicht eine Art Schikane? Sollte ich vielleicht ein Mordvideo auf den Stick laden und es ihr zeigen und dann krieg ich eine 6 einen Verweis und gehe erhobenen Hauptes. Aber nein. Das mache ich nicht, dafür bin ich nicht der Typ und überhaupt will ich nach der Schule Mathematik studieren und das macht sich nicht gut, also dann. Ich lade die Datei von meinem Stick hoch und lade die konvertierte datei runter. Da klopft es an der Bibliothekstür. Ich sage aus Spaß: herein und herein kommt Lena aus meiner Parallelklasse. Ich muss auch konvertieren, sagt sie. Und ich sage: was ist los mit der warum hat sie keinen vlc player. Und Lena sagt ich verstehe es nicht. Ich verstehe es nicht. Was hast du gemacht? Frage ich sie. Und Lena sagt, ich habe Auf der Suche nach der verlorenen Zeit in Minecraft nachgestellt. Ist das dein Ernst? Ja, ist doch gut. Mega viel Aufwand. Also ich hab nur die ersten 2 Kapitel gemacht. Und ich hab Väter und Söhne in GTA 3 nachgestellt. Kann nicht sein. Doch schau. Und dann schauen wir unsere beiden Filme an und ich merke plötzlich meiner ist viel besser. Das ist unglaublich damit habe ich nie gerechnet. Und Lena merkt das auch und sagt ohne Anerkennung wow du hast dir ja wirklich Mühe gegeben. Und ich sage, voll krass dass wir beide diese Idee hatten. Die anderen haben ja nur Bilder gemalt oder so. Und dann sagt sie ja krass und zieht ihren Stick ab und geht. Aber ich rufe ihr nach hey willst du schokolade? Und sie sagt was hast du für eine und ich sage ich habe die billige von Ja! Und sie sagt bist du arm oder was und ich sage nein ich hab das von den Leuten vor der Schule. Hast du gebettelt? Fragt sie und ich sage nein ich hab einfach nur gefragt. Naja dann sagt sie und geht aus der Tür aber ich sage nochmal nein ich bin nicht arm ich bin in der Mittelschicht. Okay sagt Lena gleichgültig und geht aus der Bibliothek. Plötzlich werde ich wütend und denke mir, vielleicht doch ein Mord Video? Oder einen Porno? Aber nein, dieser Typ bist du nicht, du wirst einmal Mathematik studieren. Mit Mathe kann man Krebs heilen, mit Wahrscheinlichkeitsrechnung und so. Fragt nicht wie das geht. Keine Ahnung. Aber es geht. Ich ziehe den Stick raus, ziehe die Kopfhörer raus, lösche die Browser history und schalte den Computer aus, gehe aus dem Raum, schließe den Raum zu und laufe zurück ins Sekretariat. Ich sollte nicht anklopfen denke ich mir und dann denke ich das ist eine grauenvolle Idee aber bevor ich mich zurückhalte drücke ich die Klinke runter, irgendwas drin knallt auf den Boden und ich bleibe eine halbe Sekunde stehen und öffne dann die Tür ganz langsam und sehe niemanden am Tisch und aus dem Seitenzimmer kommt Frau Latschik raus und sagt ah du bist es danke und ich gebe ihr den Schlüssel. Rieche ich den Schweiß von Herr Riemann frage ich mich innerlich. Und hat alles funktioniert sagt Frau Latschik. Ja hat alles funktioniert. Ich drehe mich um und gehe wieder, als würde es mich interessieren was hier unten passiert. Wen interessiert das? Ich gehe mit dem Stick hoch, warte bis die Stunde vorbei ist und gehe zu meiner Lehrerin. Erst jetzt wieder da? Fragt sie und ich sage ich hab gewartet und sie sagt Lena ist auch direkt gekommen. Noch ne Runde Billard ne? Ich denke mir, wie viel Glück hast du, dass ich so ein guter, so ein netter, so ein ehrlicher Mensch bin und ich sage: nein ich habe nur abgeschlossen und den Schlüssel zurückgebracht. Und dann sagt meine Frau Lehrerin die Frau Segen alles gut. Und dann schauen wir uns gemeinsam meinen Film an und sie sagt, du hast die Idee aber nicht von der Lena geklaut und ich sage, nein ich hab das allein gemacht und wir haben überhaupt keinen Kontakt und das ist überhaupt viel besser sehen sie das nicht und was soll das die ganze Zeit können sie bitte aufhören mich für alles zu beschuldigen ich habe ihnen gar nichts gemacht und gar nichts getan und ich versuche nur das zu machen, natürlich sage ich den letzten Teil nur für mich. Wir sind fertig und sie sagt, okay vielen Dank. Und ich frage: und was wird das? Und sie sagt, eine 2 wahrscheinlich. Und ich denke mir nimm die 2 in Deutsch ist ne 2 super und ich sage, nur aus Interesse, was wäre eine 1. Und sie sagt, du hast die Punkte nicht alle sauber raus gearbeitet sondern dir hier und da die Aufgabe leichter gemacht. Das wars ich bin fertig. Danke, sage ich und gehe raus und sie sagt brauchst du noch deinen Stick und ich sage ja, kehre um, nehme den Stick und gehe raus. Draußen sind schon meine Klassenkameraden. Was hast du bekommen? Ich sage: ne 2. Ah ist doch gut, sagt einer. Ich gehe auf Lena zu und frage sie ganz direkt und was hast du bekommen? Ne 2-. Ne 2-? Ja und du? Ne 2. Ah Glückwunsch. Das ist nicht fair das ist alles nicht fair, denke ich mir und gehe zu rewe und kaufe mir da Stapelchips. Das kann alles nicht wahr sein. Die Kinder sind mit der Wand fertig und es ist jetzt tatsächlich ein Auge und darunter steht »werden sie gesund Herr Riemann«. Das ist alles nicht wahr. Das kann nicht wahr sein. Ich gehe hinter die Schule weil da manchmal die Leute noch Fußball spielen und ich sehe wie Frau Latschik und meine Lehrerin sich unterhalten, wahrscheinlich sagt Frau Latschik der anton ist ein guter junge, der braucht ne 1 der braucht ganz eindeutig ne 1. Und die Frau Segen sagt nein nein der ist ein schlechter Kerl ein übler Kerl ein Hundekerl ein dreckskerl ein Widerkerl ein schlechter ein schlechter schlechter Mensch. Aber sie reden nur ruhig miteinander und ich schaue sie an. Und da kommt Herr Riemann dazu und redet und sie reden und reden und gehen zusammen zu den Autos. Die fahren Autos und wir fahren Fahrräder, auch irgendwie unfair. Und dann steigt die Frau Segen ins Auto verabschiedet sich und fährt weg und Frau Latschik und Herr Riemann gehen zurück und sehen mich und ich winke ihnen und die machen ein komplett komisches Gesicht aber ich sage mal so, euch ist scheiß egal was ich für Noten hab euch ist scheiß egal was ich in dieses GTA 3 Väter und Söhne investiert hab wie lange ich die richtigen Frisuren ausgewählt hab im Barber Shop und mir ist scheiß egal was bei euch vorgeht, und dein Auge soll sowieso abfallen, denke ich mir und gehe einfach an ihnen vorbei und zum Fußball Platz hinten rechts. Am Rand schaue ich wer so spielt und sehe nur einen würdigen Gegner, er ist eine Klasse über mir und hat enorm lange Beine und macht immer Übersteiger und sowas und ich frage ob ich ins andere Team kann, lege meinen Rucksack ab und spiele dann renne, passe, dribble mache Körpereinsatz, schwitze, springe, hab meinen Zweikampf mit dem Typen kann ihn ein zwei mal ausdribbeln, öfter rennt er an mir vorbei aber es ist okay und ich schaue dann rüber zu meiner Tasche und sie ist weg. Ich denke mir nein. Das kann nicht sein. Nein nein. Ich frage, hey habt ihr meine Tasche gesehen und nur einer sagt nee, ein paar Leute schauen sich um und ich denke mir okay, ich gehe wieder ins Sekretariat natürlich. Aber wozu? Jemand hat es geklaut, einer aus der Schule. Jetzt muss man Plakate aufhängen, aber wenn er es geklaut hat. Oder wenn jemand dachte ich hab es vergessen? Und im Sekretariat abgegeben hat? Mein Vater wird mich umbringen wenn ich nicht frage, also gehe ich wieder ins Sekretariat. Es macht bald zu aber ich klopfe komme rein und als Frau Latschik mich schon wieder sieht und ihre Augen groß werden und man sieht sie will mich fragen, was willst du schon wieder hier oder was weißt du oder was willst du, ich sage, mein Rucksack wurde geklaut. Und sie sagt, wie sieht er denn aus und ich sage grau und sie sagt der hier und holt meinen Rucksack unter dem Tisch hervor. Und in der Seitentasche vom Rucksack ist die Schokolade. Und das Bild an der Sporthalle müsste jeder gesehen haben. Und jetzt rechnen sie 1 und 1 zusammen Frau Latschik los sagen sie es mir hab ich das gemalt, krieg ich jetzt doch noch einen Verweis zu meiner 2 für dieses hässliche Auge. Aber Frau Latschik gibt ihn mir einfach und sagt, der wurde abgegeben. Ich frage von wem. Sie sagt, ich weiß nicht wie er heißt. Er dachte der Besitzer hätte es vergessen. Nein ich war nur Fußball spielen, sage ich. Und sie sagt. Na gut. Wir sehen uns aber häufig heute, sagt sie als ich fast raus bin. Und ich sage ja es tut mir Leid. Und sie sagt, ach was. Ist ja auch ganz nett. Und ich gehe raus und denke in meinem Kopf so, woher hat Herr Riemann die Wunde, warum ist Frau Segen so schlecht gelaunt, warum können Kinder nicht malen, wieso hat Lena eine 2- verdient, was wollten sie früher werden Frau Latschik? Aber ich frage nicht, mir ist alles egal, ich gehe einfach nur zur Haltestelle. Auf dem Weg zur Haltestelle schlendere ich lang und sehe vor mir wie ein Typ aus der Parallelklasse seinem Kumpel erklärt, schau das sind Blumensamen aus denen wächst ne ganze Blume. Das ist alles da drin. Dieser Typ hat in Latein jemandem einen Zirkel ins Bein gejagt. Dann an der Haltestelle sehe ich Lena wie sie auf die Bahn wartet. Denkst du du hast ne 2- verdient frage ich als ich da bin, sie sagt, ich wollte dich das auch fragen, meins war doppelt so lang wie deins, das ist so unfair dass ich 2- bekomme und ich sage, wie aber ich hab mir viel mehr mühe gegeben bei dir ist einfach nur ein typ der rumläuft und das ist nachgesprochen bei mir sind ganze Szenen, ja weil das Buch so ist, sagt sie, bei Minecraft muss man das selbst bauen und du bist bei GTA einfach nur irgendwo hin gegangen aber dafür sehen bei mir die Typen aus, was stört dich denn, sagt sie, du hast ne 2 jetzt freu dich doch. Ja stimmt ich hab ne 2. Die Bahn kommt, aber ich steige nicht ein. Ich drehe mich um und gehe zurück zur Schule. Ich hab noch eine Schokolade und für eine einzige 2 wirds noch reichen. Es ist Nachmittag, die letzten Stunden sind vorbei und ich denke mir, nicht nachdenken, mal einfach irgendwo ne 2 hin und das wars. Und das ist es, auf dem Weg um die Schule sehe ich sie wieder und das kann nun wirklich nicht sein. Der Sportlehrer und die Sekretärin reden hinter der Schule miteinander. Ich drehe mich um sie sehen mich nicht ich gehe anders rum und da kommt Max und sagt ah ok du hast deinen Rucksack sorry ich dachte du hättest den vergessen ich hab dich nicht bei den Fußball Leuten gesehen und ich sage ich war da egal alles gut, sag mal weißt du wie man oben aufs dach kommt von der sporthalle er sagt ne keine ahnung na gut egal, ich gehe weiter, dann mache ich auf der schule irgendwo. Ich gehe hin und mal mit schokolade ne 2 und dann keine Ahnung was ich schreiben soll. Also schreibe ich nichts und da steht einfach nur ne 2. Ich verstecke den Rest der Tafel in meiner Tasche und gehe wieder langsam zur

Haltestelle. Das läuft alles auf nichts hinaus, das ist alles scheiße. Das kommt nirgendwohin. Langsam ist niemand mehr an der Schule und ich gehe alleine den Weg zur Haltestelle. Dann breche ich den Teil der Schokolade ab der die Wand berührt hat und beiße rein. Sie schmeckt ganz ok für 25 cent. Ich esse sie auf und kurz bevor ich bei der Haltestelle bin denke ich mir wenn ich ewig diesen Tag leben müsste ich würde alles anders machen, denn der Mensch entwickelt sich und wird gut und ich nehme mir vor ewig diesen Tag zu leben, aber am nächsten Tag ist schon ein anderer Tag und es war letztendlich nur ein Tag im Leben von Anton Artibilov.

Sonic Youth

Ich höre nur noch Sonic Youth, weil die mir dieses Gefühl geben, das mir sonst niemand geben kann, nur das Hören eines leisen Flüsterns aus den Rohren in einem alten Schulgebäude in das ich einbreche und aus den Rohren höre, hallo, können sie sich noch an 1990 erinnern, an Sonic Youth? und ich renne verschreckt aus der toilette und aus der Schule und lasse meinen Partneire Marco zurück und renne ohne mich umzudrehen und im Nacken spüre ich noch die Stimme, kennen sie Sonic Youth, von 1990, können sie sich noch erinnern? Ich bin Baujahr '91 ich kann mich per Definition nicht mehr erinnern. Zuhause angekommen sprinte ich in mein Zimmer und versperre die Tür und mache eine Platte an. Ich hab kein Sonic Youth also nehme ich das nächstbeste, Buckethead. Während Buckethead da so los legt frage ich mich ganz ernsthaft, warum bin ich in diese leerstehende Schule eingebrochen?

vbt

wie gern wäre ich vbt rapper gewesen ca. 2014 oder youtuber anfang der 2010er jahre und dann jetzt 1,2 millionen zurücklehnen und in holland rumfahren und instagram machen oder in der cosplay szene oder poetry slammer in den 2010er jahren mein gott das war das leben damals dann wäre ich jetzt in den 30ern oder so wie die scheiß aussenseiter und würde mich versuchen neu zu erfinden auf tiktok zusammen mit meiner scheiß millenial generation eingehen aber die erinnerungen würden für immer bleiben. so bin ich 25 und einfach werde von irgendwelchen 20 jährigen berliner supermodelleuten unterjungt und von scheiß 30 jährigen überaltert und wenn ich dann 30 werde (falls) sag ich dann so jo wisst ihr noch damals wurden die e roller eingeführt als ich im letzten drittel meines studiums war. fühltsichschlechtan.

Linux Windows oder Mac

Dad sagt Linux ist es, ein Baum im Park (ich habe Wahnvorstellungen) sagt probiers mit Windows, ich selbst bin Mac user weil meine uni kommilitonen (bildende kunst) voll drauf abfahren und sagen, außer mac kannste alles vergessen. Letztens auf einer vernissage sah ich ein mädchen mit so einer augenbraue und schachbretthose die zu mir sagte, während wir im insta livestream zusammen waren, nur ein linux user hat sie je zum orgasmus gebracht. Dad? dachte ich für einen moment dann fiel mir aber auf mein Dad wohnt in einem anderen Land, am anderen Ende der Welt und wir sehen uns nur Weihnachten. Dann auf dem Nachhause weg versuchte ich mit den Tieren und Pflanzen zu reden, aber die Wahnvostellungen sind wohl wie die Orgasmen von dem Mädchen, denn sie kommen nicht auf knopfdruck sondern unerwartet. Zuhause sitze ich wieder vor meinem schwarzen bildschirm mit corona bier neben mir und frage mich: windows, linux oder mac. Dann endlich kommt die erlösende Idee. Ich schalte den Rechner vom Strom und kippe mein corona bier halbherzig in den rechner. Damit hast du never gerechnet, schicksal, dann schreibe ich mit rotem whiteboardstift was auf mein whiteboard, es ist eine partitur für meine neue stumme oper. »Bilder die schreien könnten« ist der kitschige Arbeitstitel.

Eine person

eine person lief mir hinterher um herauszufinden, was ich denn den ganzen tag mache. Am dritten tag kam sie ungläubig zu mir und sagte »alter, du machst ja echt gar nichts« und ich sagte mit einem grinsen »ich weiß« und die person sagte »nein ich meins ernst du machst wirklich GAR NICHTS« und da konnte ich es mir nicht verkneifen und lachte laut los und verschluckte mich fast an einem apfel den ich gerade aß. »Aber« sagte die person ungläubig »wie machst du das« und da spuckte ich den apfel aus und guckte ernst. »Das alles« sagte ich »ist nur möglich weil ich im inneren alles mache. Daher mache ich nach außen hin gar nichts« und da vertiefte sich die Person in Überlegungen und ich hob den Apfel auf und aß ihn weiter. Nach einer weile fragte die Person wieder »das heißt also, du machst im inneren alles und dafür machst du im äußeren gar nichts? Wenn du aber im äußeren alles machen würdest, würdest du auch im inneren nichts machen?« »Nicht ganz« sagte ich »ich mache im inneren alles und im äußeren gar nichts. Aber das ist nicht kausal miteinander verbunden. Es ist einfach mein modus operandi. Wie eine Schildkröte die ihre Eier im Sand vergräbt« Da zuckte die Person mit den Schultern und sagte »toll. Und warum hab ich dich jetzt einige Tage beobachtet« und ich sagte »keine Ahnung. Aber du solltest mich noch weiter beobachten, dann lernst du vielleicht etwas« und vertiefte mich wieder in meinen Apfel.

Inhalt

Auf Wunsch des Autors wurden die Texte dieses Buches nur minimal redigiert.

Anton Artibilov wurde 1996 in Charkow geboren und zog mit seinen Eltern 1999 nach Leipzig. Er studierte Philosophie, Anglistik/Amerikanistik, Szenisches und Literarisches Schreiben in Dresden, Berlin und Leipzig. 2022 erschien seine Erzählung *Mausoleum Mann* im Sukultur Verlag. Seine Theaterstücke wurden bereits an mehreren Theatern aufgeführt und seine Miniserie *French Flamingo Fucker* verfilmt. Momentan lebt und arbeitet Anton Artibilov bei seinen Freunden oder Verwandten auf dem Sofa.

Erste Auflage Berlin 2023

Großbeerenstraße 57A | 10965 Berlin
info@rohstoff-literatur.de

Umschlag: Marion Wörle, Berlin
Satz: Tom Mrazauskas, Berlin
Druck: Art Druk, Szczecin

ISBN 978-3-7518-7006-1

www.matthes-seitz-berlin.de
www.rohstoff-literatur.de

Rohstoff Verlag ist ein Verlagsprojekt
von Matthes & Seitz Berlin.